Henrik Ibsen

Brand

Ein dramatisches Gedicht

www.elv-verlag.de

Henrik Ibsen

Brand
Ein dramatisches Gedicht

ISBN: 978-3-86267-122-9

Auflage: 1
Erscheinungsjahr: 2011
Erscheinungsort: Bremen, Deutschland

Europäischer Literaturverlag GmbH, Fahrenheitstr. 1, 28359 Bremen (www.elv-verlag.de).

Brand

Ein dramatisches Gedicht

www.elv-verlag.de

Personen

Brand
Seine Mutter
Ejnar, ein Maler
Agnes
Der Vogt
Der Doktor
Der Propst
Der Küster
Der Schulmeister
Gerd
Ein Bauer
Sein halbwüchsiger Sohn
Ein zweiter Bauer
Ein Weib
Ein zweites Weib
Ein Schreiber
Geistlichkeit und Amtspersonen, Volk, Männer, Weiber und Kinder
Der Versucher in der Wüste
Chor der Unsichtbaren
Eine Stimme

Erster Akt

Oben auf den Schneefeldern des Hochgebirges. Der Nebel liegt dicht und schwer; es herrscht Regenwetter und Halbdunkel.

Brand, *schwarz gekleidet, mit Stock und Ranzen, arbeitet sich in westlicher Richtung vorwärts.* Ein Bauer *und dessen* halbwüchsiger Sohn, *die ihn begleiten, folgen ein Stück dahinter.*

DER BAUER *(nach Brand rufend.)*
He, fremder Mann, so wart' mir doch!
Wo bist du?

BRAND. Hier!

DER BAUER. Verläufst dich noch!
Das nebelt heut, kann einer knapp
Den Stecken im Gesicht behalten -

DER SOHN.
Halt! Hier sind Sprünge!

DER BAUER. Hier sind Spalten!

BRAND.
Und jede Wegspur kam uns ab.

DER BAUER *(schreit.)*
Steh still! Gotts Donner, Mann! Hier bricht
Der Firn wie Borke! Rühr' dich nicht!

BRAND *(lauschend.)*
Ich hör' das Tosen eines Falls.

DER BAUER.
Da hat ein Bach sich durchgefressen;
Hier geht's hinunter, nicht zu messen; -
Das kostet dir und uns den Hals!

BRAND.
Ich muss hinüber, hörst du, - *muss*!

DER BAUER.
Ein unausführbarer Entschluss!
Kehr' um! Der Grund ist spröd' und hohl; -
's gilt Tod und Leben, merk' dir's wohl!

BRAND.
Mein Herr macht deine Furcht zu Spott.

DER BAUER.
Wie heißt dein Herr?

BRAND. Mein Herr heißt Gott.

DER BAUER.
Und du, - was bist du?

BRAND. Pfarrer.

DER BAUER. Gut,
Sei, was du sagst; doch das ist wahr,
Dass, wärst du Propst und Bischof gar,
Du büßtest dennoch deinen Mut,
Eh's Tag wird, gingst du weiter noch
Des Ferners untergrabnes Joch.
(Nähert sich vorsichtig und überredend.)
Hör, Pfarr; so klug auch einer wär',
Das, was zu schwer ist, ist zu schwer.
Kehr' um; verstock', versteif' dich nicht!
Du hast doch nur *ein* Lebenslicht; -

Und geht das aus, was bleibt dein Teil?
Zum nächsten Hof ist noch 'ne Meil'; -
Dazu ein Nebel, dass ein Beil
Drin stecken bleibt, - so dick und dicht.

BRAND.
Ist er so dicht, verlangt dafür
Kein Irrlicht seine Weggebühr.

DER BAUER.
Doch sind hier Eisseen rings herum,
Die machen einen balde stumm.

BRAND.
Da gehn wir drüber.

DER BAUER. Gehn? Das hieß'
Dem Eis Unmöglich's zuzumuten!

BRAND.
Und doch war *einer,* der bewies:
Wer glaubt, geht trocken auch auf Fluten.

DER BAUER.
Ja, eh'dem; doch mach's heute wahr,
Du gehst zugrund' mit Haut und Haar. -

BRAND.
Leb' wohl!
(Will gehen.)

DER BAUER. Du wagst das Leben dran!

BRAND.
Bestimmt mir's Gott zu meiner Zucht, -
Willkommen Sturzbach, See und Schlucht!

DER BAUER *(leise.)*
Er ist ja toll und voll, der Mann!

DER SOHN *(weinerlich.)*
So komm doch, Vater! Zeichen sind
Auf noch mehr Regen, noch mehr Wind!

BRAND *(bleibt stehen und nähert sich wieder.)*
Verstand ich recht, so hattest du
Hier eine Tochter in der Nähe; -
Die schickte - nicht? - Dir Nachricht zu,
Sie fänd' im Grabe keine Ruh',
Wenn sie dich nicht noch einmal sähe?

DER BAUER.
So wahr als Gott mir helfen mag!

BRAND.
Und heute war der letzte Tag?

DER BAUER.
Ja.

BRAND.
Keiner mehr?

DER BAUER. Nein.

BRAND. Komm denn mit!

DER BAUER.
Umsonst. Unmöglich. Keinen Schritt.

BRAND *(blickt ihm fest ins Auge.)*
Sag', wollt'st du hundert Taler leiden,
Dafern sie selig stürbe, - wie?

DER BAUER.
Ja, Pfarr!

BRAND. Zweihundert?

DER BAUER. Mehr als die!
Ich wollt' von Haus und Hof mich scheiden,
Wär's meiner Tochter zum Gewinn!

BRAND.
Doch gäbst du auch dein Leben hin?

DER BAUER.
Mein *Leben*? Liebster, Bester -!

BRAND. Nicht?

DER BAUER *(kraut sich hinterm Ohr.)*
Das ging' wohl über meine Pflicht -!
In Jesu Namen, denk, mir sind
Doch noch zu Hause Weib und Kind.

BRAND.
Er ließ die *Mutter* selbst allein.

DER BAUER.
Ja, dazumal, das mocht' wohl sein; -
Da war manch Wunderwerk im Schwange;
Doch solcherlei vergaß sich lange.

BRAND.
Dein Weg ist Tod! Was hältst du mich?
Du kennst nicht Gott, Gott kennt nicht dich.

DER BAUER.
Huh, du bist hart!

DER SOHN *(zerrt an ihm.)*
Komm, lass ihn stehn!

DER BAUER.
Nein, nein, der Mann muss mit uns gehn.

BRAND.
Ich muss?

DER BAUER. Jawohl; denn bleibst du mir
In diesem Herrgottswetter hier,
Und wird man's dann im Dorf erfahren,
Dass wir mit dir hier oben waren,
So holt mich eines Tags die Wache, -
Und liegst du hier im Eise tot,
Komm' ich ins Loch zu Wasser und Brot -

BRAND.
So leidest du für Gottes Sache.

DER BAUER.
Mich schiert jetzt weder sein' noch deine,
Mich drückt schon ganz genug die meine, -
Drum komm!

BRAND. Leb' wohl!

Von fern vernimmt man dumpfes Getöse.

DER SOHN *(schreiend.)* Hört die Lawin'!

BRAND *(zu dem Bauern, der ihn am Kragen gepackt hat.)*
Lass -!

DER BAUER.
Nein!

BRAND. Lass los!

DER SOHN. Wir müssen fliehn!

DER BAUER *(ringt mit Brand.)*
Da hol mich doch - !

BRAND *(reißt sich los und wirft ihn in den Schnee.)*
Der holt dich schon!
Du wirst gewiss nicht eher ruhn!
(Geht ab.)

DER BAUER *(setzt sich auf und reibt sich den Arm.)*
Au, au; dass ihm's der Teufel lohn'!
Das heißt er Gottes Werke tun.
(Ruft, während er aufsteht)
He, Pfarr!

DER SOHN. Er ist den Kamm gegangen.

DER BAUER.
Ja, ja, ich mein', ich seh' ihn noch.
(Ruft wieder.)
Wenn du's noch weißt, so sag' mir doch,
Wo unser Irrgehn angefangen?

BRAND *(aus dem Nebel.)*
Du brauchst von keinem Wegkreuz Rat, -
Du bist schon auf dem breiten Pfad.

DER BAUER.
Wollt's Gott, dass er's getroffen hätt',
So läg' ich abends warm im Bett.
(Er und sein Sohn gehen in östlicher Richtung zurück.)

BRAND *(wird ein Stück weiter oben wieder sichtbar und lauscht nach der Richtung hin, wo der Bauer verschwunden ist.)*

Sie trotten heim. - Du schlaffer Wicht,
Schwieg nur in dir der Wille nicht,
Schwieg nur die Kraft, die ungestählte,
Ich hätt' gemildert, was dich quälte,
Ich hätt' dich heiter, ohne Klagen,
Fußwund, todmüd' zum Ziel getragen.
Doch Hilfe frommt nicht einem Mann,
Der auch nicht will, was er nicht kann.
(Tritt weiter vor.)
Das Leben; hm; wenn man ermisst,
Wie lieb's den guten Leutchen ist!
Wie jeder Tropf es herzt und hegt,
Als wär' der Welt Glück und Bestehn,
Der ganzen Menschheit Wohlergehn
Just ihm aufs lahme Kreuz gelegt.
Mein Gott, sie woll'n ja alles geben -
Nur nie das Leben, nie das Leben.
(Lächelt wie von einer Erinnerung ergriffen.)
An Zweies dacht' ich oft als Knab',
Das schuf mir böses Zwerchfellgrimmen -
Und Schwielen, die noch böser, gab
Die alte Schulmuhm' sich im Schlimmen.
An einen Fisch, der's Wasser scheute,
Und eine Eul', die's Dunkel floh.
Los brach ich, tollen Lachens Beute,
Ich mocht' es drehn so oder so.
Und des der Grund? Weil ich halbklar
Schon damals jenen Riss empfand
Zwischen dem Ding, so wie es war -
Und so wie Gott es sehen wollte,
Dazwischen, dass es tragen sollte -
Und doch sein Pack untragbar fand.

Fast jeder hier, siech oder frisch,
Ist solch 'ne Eule, solch ein Fisch.
Gemacht, in Tiefen hinzusterben,
Bestimmt, des Lebens Nacht zu leben,
Ist er gerade *da*vor bang.

Er zappelt feig den Strand entlang,
Ihm graut vor seiner Sternenzelle,
Er schreit nach Luft und Tageshelle!
(Hält einen Augenblick inne, stutzt und lauscht.)
Was ist das? Stimmenklang vom Tal?
Wie sich Gesang und Lachen streiten!
Horch, - nun ein Hurra, - nun zum zweiten -
Zum dritten - vierten - fünften Mal!
Die Sonne flammt, den Dunst zu brechen;
Schon klären sich die weiten Flächen ...
Ei sieh, die frohen Leutchen dort
Auf frühlichtüberstrahlten Matten!
Nach Westen fallen lang die Schatten;
Man wechselt Handschlag, Kuss und Wort.
Nun scheiden sie. Die einen wenden
Zu Tal, doch zwei nach hier den Fuß.
Da winken sie, als letzten Gruß,
Ade mit Schleier, Hut und Händen.
(Die Sonne bricht mehr und mehr durch den Nebel. Brand steht unbeweglich und sieht auf die Kommenden nieder.)
Das glänzt und glitzert um mein Pärchen!
Der Nebel flieht, wohin es tritt,
Und Heide bettet seinen Schritt,
Und Sonne lacht dem holden Märchen!
Ob's wohl Geschwister sind? Da streicht
Es Hand in Hand durch weiche Heide.
Sie rührt sie kaum mit flinkem Kleide,
Und *er* ist schlank und federleicht.
Da springt sie weg! Wohl fehlt nicht viel,
Dass er den Flüchtling wieder fange - -
Doch sieh! Da wird der Lauf zum Spiel -!
Und horch! - ihr Lachen zum Gesange!

Ejnar *und* Agnes *in leichter Reisekleidung, beide warm und glühend, kommen in ihrem Spiel über das Hochplateau nach vorn. Der Nebel ist fort; ein klarer Sommermorgen liegt über dem Gebirge.*

EJNAR.
Agnes, mein reizender Schmetterling,
Bald fang' ich spielend dich wieder!
Ein Fanggarn knüpf' ich mit Maschen dicht,
Und die Maschen, das sind meine Lieder!

AGNES *(tanzt rückwärtsgehend vor ihm her und entschlüpft ihm beständig.)*
Bin ich ein Schmetterling, zierlich und bunt,
So lass mich vom Heidekraut naschen;
Und bist du ein Bursch, dem ein Spiel gefällt,
So darfst mich nur jagen, nicht haschen!

EJNAR.
Agnes, mein reizender Schmetterling,
Nun sieh, wie die Maschen sich schlangen!
Nun hilft dir wohl nimmer dein Flattern und Fliehn, -
Bald sitzt du im Netze gefangen!

AGNES.
Bin ich ein Schmetterling, jung und fein,
Mag lustig der Wind mich entführen;
Doch fängst du mich ein in dein Netzgespinst,
So darfst mir die Flügel nicht rühren!

EJNAR.
Nein, nein, ich nehm' dich so zart auf die Hand
Und schließe dich ein in mein Herze;
Da magst du treiben dein Lebelang
Die fröhlichsten Spiele und Scherze.
(Unvermerkt haben sie sich einem schroffen Abhang genähert; sie stehen nun hart am Rande.)

BRAND.
Halt! Halt! Dort ist ein Abgrund!

EJNAR. He!
Wer da!

AGNES *(zeigt nach oben.)*
Sieh, dort!

BRAND. Bergt Euch beizeiten!
Ein Schritt noch, - und der lockre Schnee
Wird jäh mit Euch zur Tiefe gleiten!

EJNAR *(schlingt den Arm um sie und lacht hinauf.)*
Uns hat das Glück sein Wort verpfändet -!

AGNES.
Ein Leben uns zum Spiel beschert!

EJNAR.
Uns einen Sonnenschein gewährt,
Der erst in hundert Jahren endet.

BRAND.
Erst dann gedenkt ihr -?

AGNES *(den Schleier schwingend.)*
Nicht dies Wort! -
Dann spielen wir im Blauen fort.

EJNAR.
Erst hundert Jahr' im Weltgewimmel,
In Wonnen ohne Maß und Ziel, -
Ein hundertjährig Liebesspiel -

BRAND.
Und dann?

EJNAR. Dann wieder heim - zum Himmel.

BRAND.
So kommt Ihr wohl von dort gereist?

EJNAR.
Natürlich; woher sonst?

AGNES. Das heißt,
Zu allerletzt, da kamen wir
Vom Tal dort -:

BRAND. Ja, ich sah euch beide
Vor Kurzem schon; da standet ihr
Noch drunten an der Wasserscheide.

EJNAR.
Ja, dort verließen wir die Stund'
Ein frohes Häuflein uns Getreuer
Und siegelten mit Hand und Mund
Erinnerungen, allen teuer.
Ach, kommen Sie zu uns hernieder
Und hören Sie den holden Text,
Den Urtext aller unsrer Lieder! -
Was stehn Sie wie zu Stein verhext!
Der reine Gletschermann! So gehn Sie
Doch auf! So, recht! Ich also, sehn Sie,
Bin erstlich Maler. Schon welch Glück,
So Welt und Leben Stück um Stück
Zu bannen, - gleich dem Allgestalter
Aus Larven zaubernd bunte Falter!
Doch 's Schönste, was mir Gott vertraut,
Ist Agnes, meine holde Braut!
Ich kam von langen Südlandreisen,
Allein mein Malzeug als Gepäck -

AGNES *(eifrig.)*
So königsfroh, so siegeskeck -
Und wusste wohl die tausend Weisen!

EJNAR.
Just als ich hier durchs Dorftal strich,
War *sie* hier zu Besuch, um sich
Zu trinken rot an Bergesluft
Und Sonn' und Tau und Tannenduft.
Mich trieb's wie Schickung nach hier oben;
Das sang in mir, wie ein Geloben,
Im Bach, im Wald, im Wolkenwehn
Der Schönheit Urquell nachzugehn.
Da malt' ich denn mein Meisterstücke:
Ein rosig Licht auf ihre Wang',
Ein Augenpaar, entflammt von Glücke,
Ein Lächeln, das ins Herze sang -

AGNES.
Doch was Du maltest, sahst du kaum,
Trankst blinden Zugs des Lebens Schaum, -
Bis eines Tags ein Morgen kam,
Wo er sein Malzeug wieder nahm -

EJNAR.
Da fiel mir ein - du liebe Zeit!
Ich hatte ja noch nicht *gefreit*!
Juchhei! So ward gefreit, gewährt,
Und alles so gelöst, geklärt.
Wie froh da unser Doktor ward,
Das hatte nur so seine Art.
Drei Tage ließ er uns zu Ehren,
Der Alte, Tanz und Jubel währen,
Honoratioren, Klerisei,
Die ganze Jugend war dabei.
Heut Nacht denn zogen wir vom Gut, -
Doch hörte drum das Fest nicht auf, -
Mit Schärpen, Fahnen, Laub am Hut,
Den Wald hinein, den Berg hinauf,
Mit uns der ganze heitre Hauf.

AGNES.
Und unsre Bergfahrt ward ein Tanz
Zu zwei'n bald, bald im Reigenkranz.

EJNAR.
Wir führten süßen Wein als Fracht.

AGNES.
Von Singen scholl die Sommernacht.

EJNAR.
Und selbst der Nebel schwerer Flug, -
Gehorsam wich er unserm Zug.

BRAND.
Und nun wohin des Wegs?

EJNAR. Gradaus.
Zur Stadt -

AGNES. - der Stadt, wo ich zuhaus.

EJNAR.
Erst noch ein westlich Stück hier oben,
Dann nach dem Fjord des Weges Rest;
Auf Egirs Brauthengst, dampfumschnoben,
Heimreiten wir zum Hochzeitsfest, -
Und dann hinab gen Süd zusammen,
Wie Schwäne auf der ersten Fahrt -!

BRAND.
Und dort - ?

EJNAR. Ein einzig Liebesflammen,
Wie Träume groß, wie Märchen zart!
Denn, traun! an jenem Sonntagsmorgen,

War auch kein Priester weit und breit,
Ward unser Leben licht von Sorgen,
Ward es zum Freudenfest geweiht!

BRAND.
Von wem?

EJNAR. Von all dem frohen Volke.
Da ward der Becherspruch getan,
Nie dürfe finstre Wetterwolke
Dem Laubdach unsrer Hütte nahn, -
Da jedes Warnwort vor Gefahren
Hinweggeküsst, verbannt, verpönt, -
Da wurden wir mit Laub in Haaren
Zu Lieblingen des Glücks gekrönt.

BRAND. Lebt wohl, ihr zwei!
(Wendet sich zum Gehen.)

EJNAR *(stutzt und betrachtet ihn genauer.)*
Nein, halt; nein, halt!
Wes ist dies Antlitz und Gestalt?

BRAND *(kalt.)*
Wir sind uns fremd.

EJNAR. Mir ist, als wär'
Von Haus mir oder Schulbank her
Ihr Wesen wundersam bekannt -

BRAND.
Ja, ja; wir war'n uns freund als Knaben, -
Bis ich den Weg zum Manne fand.

EJNAR.
Ich sollt' mich nicht besinnen - ?
(Mit einem Aufschrei.)

Brand!
Du bist's! Dich nicht erkannt zu haben!

BRAND.
Ich wusste gleich, wer vor mir stand.

EJNAR.
Willkommen denn, mit Herz und Hand!
Ja, du bist immer noch der Alte,
Der, allezeit sich selbst genug,
Sich, lärmscheu, mit der Grüblerfalte,
Von unsern Spielen seitab schlug.

BRAND.
Ich stand Euch ja, als Fremdling, fern.
Dich, - glaub' ich doch, - dich hatt' ich gern,
War gleich ein jeder Südlandsjunge
Aus anderm Erz, als ich es war,
Den flutumbrauste Felsenzunge
Im Schatten nackten Bergs gebar.

EJNAR.
Dein Dorf muss hier wo liegen, nicht?

BRAND.
Durch dies just führt mich heut die Pflicht.

EJNAR.
Hin*durch*? Dann wieder in die Welt?

BRAND.
Was dort zu tun, ist bald bestellt.

EJNAR.
Du bist doch Geistlicher?

BRAND *(lächelnd.)* Vikar.
So nimmt ein Has' im Walde jetzt
Und jetzt im Korn sein Lager wahr.

EJNAR.
Und wohin geht die Fahrt zuletzt?

BRAND *(schnell und hart.)*
Frag' nicht danach!

EJNAR. Warum?

BRAND *(verändert den Ton.)* Nun gut!
Das Schiff, drauf ihr die Reise tut,
Bringt auch wohl mich nach meinem Ziel.

EJNAR.
Mein Brautschaftrösslein? Glücks zu viel!
Hei, Schatz, nun fahren wir zu drei'n!

BRAND.
Doch mich ruft ein Begräbnis.

AGNES. Ein
Begräbnis?

EJNAR. Dich? Wer soll zur Erde?

BRAND.
Der *Gott*, den du den *deinen* nennst.

AGNES *(weicht zurück.)*
Komm, Ejnar!

EJNAR. Brand!

BRAND. Das Knechtsgespenst,
Der Sklavengott der Sklavenherde,
Er soll in seinen Sarkophag,
Und das am hellerlichten Tag.
's ist höchste Zeit; ihr wisst, es riecht,
Wer so ein tausend Jahre siecht.

EJNAR.
Brand, du bist krank!

BRAND. Jawohl, so krank
Wie dort die Kiefer rank und schlank; -
Nicht *ich* bin's; rings um uns die Zeit, -
Sie ist's, die, krank, nach Heilung schreit.
Ihr wollt nur Spiel und Spaß verstehn,
Vielleicht halb glauben, doch nicht sehn, -
Ihr werft all eure Last auf den,
Der, wie man Euch gelehrt, einst kam
Und das Gericht still auf sich nahm.
Er ließ für euch sich dornenkrönen,
Nun könnt ihr Spiel und Tänzen frönen.
Ja, tanz' nur, Bester! Doch am Ziel -
Da reu'n vielleicht dich Tanz und Spiel!

EJNAR.
Ich kenn' das Lied! In Dorf und Stadt,
Da hört sich's heut das Volk nicht satt.
Du bist von diesem neuen Geist,
Der 's Leben Tand und Flitter heißt
Und uns mit Höllenstrafen-Drill
In Sack und Asche jagen will.

BRAND.
Nein, Freund, ich bin kein "Kanzelhengst".
Die Kirchensprach' vergaß ich längst;
Kaum weiß ich, ob ich noch ein Christ, -
Doch das gewiss, dass ich ein Mann,

Und einer, der erkennen kann,
Was für ein Wurm am Lande frisst.

EJNAR.
Das hab' ich doch noch nie gehört,
Dass Übermaß von Lebenslust
In unsrer Heimat einen stört.

BRAND.
Nein, Jubel sprengt hier keine Brust; -
Ha, würd' man's nur einmal gewahr!
Sei Knecht der Lust, doch ganz und gar,
Rückhaltlos, jetzt und immerdar!
Sei nicht heut der und morgen der
Und übers Jahr ein weiß Gott wer.
Das, was du bist, sei durch und durch,
Nicht halb ein Vogel, halb ein Lurch!
Ein klares Bild ist der Bacchant,
Der Trunkenbold sein Spotttrabant;
Silen ist eine Prachtfigur,
Der Säufer seine Karikatur.
Geh bloß herum in diesem Land
Und leg dein Ohr an Wand um Wand,
Und merk', wie jeder Bruder Christ
Von allem nichts und etwas ist.
Ein wenig ernst an Feiertagen,
Ein wenig fromm nach Väterbrauch,
Ein wenig lüstern nach Gelagen, -
Denn dieses war'n die Väter auch, -
Ein wenig warm beim allgemeinen
Festchorus auf den, ob auch kleinen,
Doch felsenfesten Felsenstaat, -
Den nie ein fremder Fuß betrat, -
Ein wenig kopflos als Versprecher,
Ein wenig pfiffig, soll der Zecher,
Ernüchtert, hinkt der Zahltag nach,
Einlösen, was die Nacht versprach.

Doch all das voll Bescheidenheit;
Sein Fehl, sein Vorzug reicht nicht weit;
Er ist ein Bruch in Bös' und Gut,
Ein Bruch in allem, was er tut; -
Doch 's Schlimmste -: Jeder Bruchteil bricht
Des Bruches ganzen Rest zunicht'.

EJNAR.
Wer höhnt, ihm pflegt kein Dank zu lohnen,
Weit schöner wär's, dein Volk zu schonen -

BRAND.
Vielleicht, - doch weniger gesund.

EJNAR.
Nun wohl; gesetzt, ich wollt' im Bund
Mit dir das sünd'ge Volk verdammen, -
Wie hängt das mit dem Gott zusammen,
Den einzusargen du gewillt,
Dem Gott, der mir noch alles gilt?

BRAND.
Mein Freund, du hast ihn doch gemalt; -
Und wenn man mir nicht vorgeprahlt,
So, dass er jeden, der ihn schaute,
Im innersten Gemüt erbaute.
Merk' auf, ich schildr' ihn dir genau:
Dein Gott ist alt -

EJNAR. Nun ja - ?

BRAND. Und grau?
Sparsam gelockt nach Greisenart,
Wie Silber oder Eis den Bart, -
Harmlos, wiewohl noch so respekt-
einflößend, dass er Kinder schreckt?
Ob du ihn noch mit filznen Schuhn

Versehn hast, mag auf sich beruhn;
Doch willst du, dass er ganz echt sei,
So füg noch Brill' und Schlafmütz' bei!

EJNAR *(zornig.)*
Was soll dies, Brand, -

BRAND. Dies ist nicht Spott,
Dies ist das treue Konterfei
Von unsres Volks Familiengott.
Wie den Papisten der Messias
Als Wickelkind erscheint, so gilt
Euch hier der Herr als Jeremias,
Der just noch kindisch lallt und schilt.
Und wird der Papst auf Petri Stuhl
Bald nur mehr seine Schlüssel haben,
So habt *ihr* bald im *Kirchen*pfuhl
Auf immer Gottes Reich begraben.
Ihr trennt das Leben von der Lehre;
Zu üben sie, - wem gilt's als Ehre?
Ihr strebt, euch geistlich zu erheben,
Doch nicht, aus ganzer Kraft zu *leben.*
Euch frommt, dass eure Art bestehn kann,
Ein Gott, der durch die Finger sehn kann,
Der, dass ein Bild er Eurer Welt wird,
Mit Glatz' und Schlafmütz' dargestellt wird.
Doch diesem Gotte bin ich blind!
Mein Gott ist Sturm, wo deiner Wind,
Unbeugsam, wo der deine flau,
Allliebend, wo der deine lau.
Und jung wie Herkules ist er,
Kein alter Vater Sechziger!
Sein Wort, das traf wie Blitzesschlag,
Da er als Flamm' im Dornenhag
Vor Moses auf dem Horeb stand,
Wie vor dem Zwerglein der Gigant.
Er hielt die Sonn' in Gibeons Tal

Und tat der Wunder ohne Zahl
Und tät' sie heut noch immerzu,
Wär' dies Geschlecht nicht schlaff wie du!

EJNAR *(mit unsicherem Lächeln.)*
Und nun soll's umgeschaffen werden?

BRAND.
Das soll's, noch eh' mein Leben hin,
So wahr ich weiß, dass ich auf Erden
Als Arzt für sein Gebrechen bin.

EJNAR *(schüttelt den Kopf.)*
Lösch' nicht das Hölzchen, mag's auch rauchen,
Eh' du die Leuchte nicht gespeist;
Streich nicht die Worte, die wir brauchen,
Bevor du nicht die neuen weißt.

BRAND.
Nichts Neues soll durch mich geschehn;
Aufs Recht des Ewigen will ich sehn.
Nicht Dogmen oder Kirche sollen
Mir Dank für neue Formen zollen;
Denn wie einmal ihr Sein begann,
So ist wohl auch der Tag bestimmt,
An dem ihr Sein ein Ende nimmt.
Erschaffnem hängt sein Finis an;
Es liegt in der Verwesung Bann
Und eilt, nach unverrückter Norm,
Von Form zu immer neuer Form.
Doch was in all dem ewig kreist,
Das ist der unerschaffne Geist,
Dem, nach dem Fall im Paradies,
Der Heiland neue Bahnen wies:
Da schlug er glaubensstark die Brück'
Vom Fleisch zum Urquell Gott zurück.
Heut weist er sich verblasst, verflacht, -

Ganz nach dem Gott, den Ihr Euch macht; -
Doch soll aus diesen Seelenstümpfen,
Aus diesen Geistestorsorümpfen,
Aus diesen Köpfen sich und Händen
Ein *Ganzes* wiederum vollenden,
Dass sich, wie einst am Schöpfungstag,
Gott seines Adam *freuen* mag!

EJNAR, *(Brand unterbrechend.)*
Leb' wohl! Ich glaub', es ist am besten,
Wir trennen uns.

BRAND. Geht Ihr nach Westen,
So ich nach Norden. Hier wie dort
Erreicht man gleich geschwind den Ort.
Lebt wohl!

EJNAR. Leb' wohl!

BRAND *(dreht sich im Abstieg noch einmal um.)*
Scheid Licht und Dunst!
Das Leben, Freund, - ist eine Kunst.

EJNAR *(winkt abwehrend.)*
Mach' du nur alle Dinge neu;
Ich halt' dem alten Gott die Treu'!

BRAND.
Gut, mal' ihn du am Krückenstab; -
Ich geh' und leg' ihn in sein Grab!
(Steigt den Felspfad hinab.)

EJNAR *(schickt sich schweigend an zu gehen und blickt dem sich Entfernenden nach.)*

AGNES *(steht einen Augenblick wie geistesabwesend; dann fährt sie auf, sieht sich unruhig um und fragt:)*
Verlosch die Sonne?

EJNAR. Nur ein Flor
Verhüllt sie. Da! Schon kommt sie vor.

AGNES.
Wie kalt der Wind hier bläst!

EJNAR. Er weht
Dort durch den Sattel. Komm, hier geht
Der Weg hinab.

AGNES, *(nach Süden weisend.)*
So schwarz und nah
Stand doch vorhin der Berg nicht da.

EJNAR.
Des hattest du vor Glück nicht acht,
Eh' nicht sein Schrei dich irrgemacht.
Doch mach' er sich den Weg nur schwer,
Wir spielen weiter wie bisher.

AGNES.
Nein, nein, nicht jetzt, - ich bin's nun satt.

EJNAR.
Das gilt im Kern wohl auch von mir.
Auch geht's bergabwärts nicht so glatt
Als auf dem flachen Rücken hier.
Doch sind wir drunten erst im Tal,
So tanzen wir just zehen Mal
So wild und lustig durch die Welt,
Als eh' er uns den Weg verstellt. -
Sieh, Agnes, was dort außen blaut,
Von Sonnenflimmern überbraut,

Sieh, wie es nun wie Silber blinkt
Und nun wie Bernstein, goldig schwer, -
Das ist das große, frische Meer,
Das von dort außen grüßt und winkt!
Und siehst du dort im klaren Hauch
Den langen Streifen dunklen Rauch?
Und siehst du dort das schwarze Ding,
Das just ums Vorgebirge ging?
Den Dampfer, du, der dein und mein?
Nun steuert er den Fjord herein.
Heut Abend dampft er wieder fort,
In See, mit dir und mir an Bord! -
Da deckt der Nebel alles zu. -
Sag', Agnes, schickst du denn kein Wort
Dem wunderbaren Schauspiel nach?

AGNES *(blickt verloren gerade aus und sagt:)*
Oh ja. Doch sag' mir, sahst auch du - ?

EJNAR.
Was?

AGNES *(ohne ihn anzusehen und die Stimme dämpfend, als ob sie in einer Kirche wäre.)*
Wie er wuchs, indes er sprach!
(Sie geht den Berg hinab. Ejnar folgt ihr.)

BRAND *(wird oben auf dem Steig sichtbar, kommt ihn herab, bleibt aber mitten auf dem Wege an einem vorspringenden Felsstück stehen und blickt in die Tiefe nieder.)*
Ja, ich kenn' mich wieder aus!
Boots- um Bootsplatz, Haus um Haus,
Bergrutschhügel, Birkenstände,
Alter Kirche braun Gewände,
Erlgebüsch zu Baches Seiten. -
Alles wie vor alten Zeiten!
Aber, glaub' ich, grauer doch,

Enger jede Mauer noch;
Und des Berges Schneedach hängt noch
Tiefer auf den kleinen Ort,
Schnitt dem armen Volk der Täler
Seinen Himmelsteil noch schmäler,
Drohet, lastet, schattet, - drängt noch,
Stiehlt noch mehr der Sonne fort.
(Setzt sich und sieht in die Ferne.)
War der Fjord auch dazumal
Schon so hässlich, eng und kahl?
Wie der Regen fegt! Da fliegt
Ein Rahsegel breit zum Lande!
Dort ans Grau der Felswand liegt -
Hinter Boot und Steg im Sande -
Rotbraun ein Gehöft geschmiegt;
's ist der Witwe Hof am Strande.
Alter Hof! Du sahst mich jung!
Fülle der Erinnerung!
Dort, am Strand voll nackter Steine,
War mein Kinderherz alleine. -
Über mir liegt's dumpf und klamm,
Liegt's wie Last, in einem Stamm
Heim zu sein, des Geist die Erde
Suchte, statt, was aus uns werde.
Was ich Herrliches gewollt,
Nun wie ferner Donner rollt.
Mut und Macht war nur Gebärde,
Herz und Faust verzagt dem Stoß.
Hab' ich mich mir selbst verloren,
Zu viel Heimat aufbeschworen? -
So erwacht gezähmt, geschoren,
Simson in der Metze Schoß.
(Blickt wieder hinab in die Tiefe.)
Sieh, welch Leben und Begeben?
Überall aus Tür und Tor
Strömen Weiber, Männer vor.
Zwischen Erd- und Felsenhängen
Sieht man sich die Reihen drängen,

Bald bergab und bald empor; -
Und die Kirche scheint ihr Streben.
(Steht auf.)
O, wie Euch mein Blick durchdringt,
Schlaffe Seelen, schlaffe Sinne!
Eurem Vaterunser wohnt
Ja nur so viel Willen inne,
Ja nur so viel Ernst und Wahrheit,
Dass zu dem, der droben thront,
Mit des Klanges voller Klarheit
Nur die vierte Bitte klingt.
Die ist eure Losung ja
Nun geworden und geblieben.
Als die einzige der sieben
Allen Herzen eingeschrieben,
Liegt sie nun, ein sturmvertrieben
Wrack des ganzen Glaubens da.
Fort! Es brütet wie der Fluch
Dumpfer Grabluft auf Euch allen!
Hier kann keiner Fahne Tuch
Frei vor frischen Winden wallen.
(Wendet sich zum Gehen; ein Stein fliegt von oben her und rollt den Steig herab, bis dicht vor seine Füße.)

BRAND *(ruft hinauf:)*
Heda! Wer wirft da Steine?

Gerd*, ein Mädchen von fünfzehn Jahren, läuft oben auf dem Kamm, die Schürze voller Steine.*

GERD. Ha!
Ich traf! Er schrie!
(Wirft abermals.)

BRAND. Was machst du da!

GERD.
Dort wippt er sich in sichrer Rast
Auf einem windgebrochnen Ast!
(Wirft zum dritten Mal und schreit:)
Da kommt er wieder! Böses Tier!
Zu Hilfe! Hu! Er hackt nach mir!

BRAND.
In Gottes -

GERD. Pst! Wer bist du dort?
Steh still, steh still; jetzt fliegt er fort.

BRAND.
Wer?

GERD. Sahst du nicht den Fürchterlichen!

BRAND.
Nein, nichts.

GERD. Den Habicht voller Wut,
Den Schopf flach in die Stirn gestrichen,
Die Augenränder rot wie Blut!

BRAND.
Wo geht dein Weg?

GERD. Zur Kirche.

BRAND. Nun,
Den können wir zusammentun.

GERD.
Wir? Nein, ich muss hier aufwärts.

BRAND *(weist nach unten.)* Ja, -
Die Kirche liegt doch *da*!

GERD *(sieht ihn höhnisch lächelnd an und weist hinab.)*
Wo? *Da*?

BRAND.
Nun freilich; komm nur!

GERD. Nein, mir graut!

BRAND.
Dir graut? Wovor?

GERD. Die ist zu klein.

BRAND.
Sahst du schon größere gebaut?

GERD.
Schon größere? Das muss wohl sein.
Leb' wohl!
(Steigt aufwärts.)

BRAND. Geht dort dein Kirchenpfad?
Der führt ja nach dem wilden Grat.

GERD.
Die Kirche, Mann, zu der ich geh',
Ist auferbaut aus Eis und Schnee.

BRAND.
Aus Eis und Schnee! Jetzt komm' ich drauf!
Vernahm ich doch von Kindheit auf,
Da drinnen bärg' der Gipfel Flucht
Die Wunder einer Gletscherschlucht,

Eiskirche, glaub' ich, zubenannt.
Davon erzählt man viel im Land.
Der Grund sei ein gefrorner See,
Das Dach erstarrter Firnenschnee,
Der seine Wucht von Wand zu Wand
Wie eine weite Wölbung spannt.

GERD.
Ja, nennt's nur Fels- und Gletscherloch;
Das macht nichts; Kirche bleibt es doch.

BRAND.
Geh nicht dorthin; ein Wind erwacht, -
Die Kruste bricht, die Decke kracht, -
Ein Schrei, ein Schuss schon ist genug -

GERD *(ohne auf ihn zu hören.)*
Komm mit; dort liegt ein Renntierzug,
Der, abgestürzt, erst wenn es taut,
Im Lenz, die Freiheit wiederschaut.

BRAND.
Geh nicht dahin, wo Tod dir droht!

GERD *(nach unten weisend.)*
Geh nicht dahin; denn *dort* ist Tod!

BRAND.
Gott sei mit dir.

GERD. So komm doch, komm!
Dort singt Lawin' und Fall Dich fromm,
Dort predigt dir der Gletscherwind,
Dass es dich heiß und kalt durchrinnt.
Und fürchte nicht des Habichts Zorn;
Der setzt sich auf das schwarze Horn; -

Da hält der grause, finstre Gast
Als Hahn auf meinem Kirchturm Rast.

BRAND.
Wild ist dein Weg, dein Geist ist wild,
Zersprungner Laute traurig Bild.
Gar leicht wird *bös* in *gut* verkehrt,
Nur *Schlechtes* ändert *nie* den Wert.

GERD.
Da rauscht sein Flügelschlag heran!
Jetzt heißt es heimwärts, fremder Mann!
Die Kirche ist mein sichres Haus, -
Hu, wie er ankommt, arg und graus!
(Schreit.)
Komm mir nicht nah! lass mich in Ruh!
Hackst du nach mir, so schlag' ich zu!
(Flüchtet den Berg hinauf.)

BRAND *(nach einer Pause.)*
Bist *auch* ein Kirchgast. Der im Eis -
Und der im Tal -! Wem ziemt der Preis?
Wer tollt am wildesten hinaus,
Wer flieht am weitsten Heim und Haus, -
Der *Leichtsinn*, der mit Laub im Haar
Dahintanzt, allen Ernstes bar, -
Der *Stumpfsinn*, der des Weges trollt,
Weil's schon die Väter so gewollt, -
Der *Wahnsinn*, der so grausam irrt,
Dass ihm schier gut aus böse wird?
Wohlan denn! Auf zum grimmen Tanz
Mit dieser Tripelallianz!
Hell grüßt mich mein Beruf -: So bricht
Durch aufgestoßne Fenster Licht!
Kein Rasten, bis dem Weh der Welt
Zur Sühne dieser Trollbund fällt!
Erst wenn das Grab die drei empfahn,

Dann ist die Pest von uns getan.
Auf, Seele! Schwert heraus! Es gilt
Den Kampf für Gottes Ebenbild!
(Er steigt nach dem Dorf hinab.)

Zweiter Akt

Unten an dem von schroffen Bergwänden umschlossenen Fjord. Auf einer kleinen Anhöhe in der Nähe die alte, verfallene Kirche. Ein Unwetter zieht herauf.

Volk, Männer, Weiber und Kinder, teils am Strande, teils weiter oben in Gruppen. In ihrer Mitte sitzt der Vogt *auf einem Stein; ein Schreiber hilft ihm bei der Verteilung von Korn und Lebensmitteln.* Ejnar *und* Agnes *stehen in einiger Entfernung, von einer Anzahl Leute umringt. In dem von der Ebbe freigelegten Sande liegen ein paar Boote.* Brand *wird auf dem Kirchenberg sichtbar, ohne zunächst noch von der Menge bemerkt zu werden.*

EIN MANN *(arbeitet sich durch das Gedränge.)*
Macht Platz!

EIN WEIB. Ich war zuerst da!

DER MANN *(schubst sie zur Seite.)* Pack'
Dich weg!
(Drängt sich zum Vogt vor.)
Herr, gebt mir meinen Sack!

DER VOGT.
Geduld.

DER MANN.
Daheim ist bittre Not;
Da hungern vier sich - fünf sich tot!

DER VOGT *(spaßend.)*
He? Zählen ist ein schwierig Ding!

DER MANN.
Eins lag im Sterben, als ich ging.

DER VOGT.
Die Liste, Schreiber!
(Zu dem Bauern, während er in seinen Papieren blättert:)
Tritt zurück!
Du stehst doch drin - ? Ja. 's war dein Glück.
(Zum Schreiber.)
Der Nummer Dreißig ausgeteilt! -
Na, Leute, nur nichts übereilt!
Niels Schneesumpf!

EIN MANN. Hier!

DER VOGT. Dein Teil heut macht
Nur halb so viel als vordem, da
Ihr nun doch weniger -

DER MANN. Ja, ja.
Mein Weib starb akkurat heut Nacht.

DER VOGT *(notiert.)*
Fällt weg. Gespart wird nie genug.
(Zu dem sich Entfernenden.)
Doch bloß nicht jetzt in vollem Zug
In eine neue Eh'!

DER SCHREIBER *(kichert.)*
Hi, hi!

DER VOGT *(scharf.)*
Worüber lachen Sie?

DER SCHREIBER. Weil Sie,
Herr Vogt, so spaßig reden.

DER VOGT. Wie - ?
Mir ist durchaus nicht so zu Mut.
Doch macht ein Scherz gar manches gut.

EJNAR *(tritt mit Agnes aus der sie umgebenden Gruppe.)*
Nun gibt die letzte Tasch' nichts mehr, -
Notizbuch, Beutel, alles leer; -
Ein Bettler schier komm' ich an Bord
Und helf' mit Uhr und Stock mir fort.

DER VOGT.
Ja, ihr zwei kamt zur rechten Stund'.
Was ich gesammelt, ist zum Lachen.
Ein jeder weiß, es macht nicht satt,
Wenn leere Hand, halbvoller Mund
Mit dem, der nichts zu beißen hat,
Ihr karges Mahl gemeinsam machen.
(Bemerkt Brand und zeigt auf ihn.)
Willkommen! Trieb Sie der Bericht
Der Hungersnot nach dieser Küste,
So schonen Sie Ihr Ränzel nicht!
Wir nehmen jeglichen Betrag,
Denn unser Vorrat geht zur Rüste; -
Zween Fischlein in der Armut Wüste
Sind keine Mahlzeit heutzutag.

BRAND.
In eines Abgotts Namen sind
Zehntausend Körbe Spelt im Wind.

DER VOGT.
Ich lud Sie nicht zu Worten ein.
Dem leeren Bauch sind Worte Stein.

EJNAR.
Du weißt nicht, wie das Volk hier litt,
Sonst fühltest du sein Elend mit!
Hier ist ein Grab voll bittern Wehs.
Hier liegen Leichen -

BRAND. Ja, ich seh's.
An jedes Aug's bleigrauem Rand
Erkennt man hier des Richters Hand.

DER VOGT.
Und trotzdem bleibt Ihr Herz wie Stahl?

BRAND *(tritt hernieder unter die Menge und spricht mit Nachdruck:)*
Wär's Leben hier gedrückt und schal,
Ging' trägen Gangs in Eintagsnot,
Erbarmte mich dies Schrein nach Brot.
Wenn du auf Vieren kriechen musst,
Erwacht das Tier in deiner Brust.
Schleicht Tag um Tag in dumpfer Ruh',
Im Schlaftrott, wie ein Leichenzug,
Da raunt dir leicht Verzagtheit zu,
Du seist getilgt aus Gottes Buch.
Euch aber ist der Herrgott gut,
Euch träuft er Todesangst ins Blut,
Euch geißelt er bis dicht vors Grab,
Nimmt wieder euch, was er euch gab -

MEHRERE STIMMEN *(unterbrechen ihn drohend.)*
Er höhnt uns noch in unsrer Not!

DER VOGT.
Er gönnt euch nicht das bisschen Brot!

BRAND *(schüttelt den Kopf.)*
Oh hülf' euch doch mein rotes Blut
Gleich eines Heilquells Wunderflut,
Ich öffnete der Adern Deich,
Bis jede Vene leer und bleich.
Doch damit missverständ' ich *Ihn*!
Seht, Gott will euch dem Staub entziehn!
Ein rechtes Volk, - ist's auch nicht stark, -
Entsaugt dem Unglück Macht und Mark;

Der Geist steigt adlergleich empor,
Vom Auge sinkt des Eintags Flor,
Der Wille wirft sein Haupt zurück
Und weiß: Ihm *wird* des Sieges Glück.
Doch wen nicht adelt, was ihn schmerzt,
Der hat, dass Gott ihm hilft, verscherzt!

EIN WEIB.
Da zieht ein Wetter auf, seht, seht, -
Wie durch sein Wort herbeigeweht!

EIN ANDERES.
Gott straft ihn noch! Ich sag's vorher!

BRAND.
Dein Gott tut keine Wunder mehr!

DIE WEIBER.
Welch' Wetter!

STIMMEN AUS DER MENGE.
Steinigt, stecht ihn fort!
Was will der Unmensch hier am Ort!

Das Volk *schart sich drohend um Brand. Der* Vogt *tritt dazwischen.* ***Ein*** Weib, *verwildert und zerrissen, kommt den Berg hinabgeeilt.*

DAS WEIB *(schreit der Menge zu:)*
In Jesu Namen, steht mir bei!

DER VOGT.
Was gibt's? Wo fehlt's? Red' frank und frei!

DAS WEIB.
Ich brauch' nicht euer Brot und Geld!
Mich traf das Ärgste von der Welt!

DER VOGT.
Nun, was denn? Sprich!

DAS WEIB. Ich kann nicht -! Wo
Ist euer Pfarrer?

DER VOGT. Danach rufst
Du hier umsonst -

DAS WEIB. Verloren! Oh!
Hart warst du, Gott, dass du mich schufst!

BRAND *(nähert sich ihr.)*
Vielleicht ist doch ein Priester hier.

DAS WEIB *(ergreift ihn am Arm.)*
So hab' Erbarmen, schaff' ihn mir!

BRAND.
Erst sprich! So tu' ich, was ich kann.

DAS WEIB.
Quer überm Fjord -

BRAND. Nun, was?

DAS WEIB. Mein Mann -
Kein Brot - drei magre Kinderlein - -
Sag', er ist *nicht* verdammt! Sag' nein!

BRAND.
Sprich erst.

DAS WEIB *(zeigt auf ihre Brust.)*
Verdorrt war ich und leer;
Nicht Gott, nicht Menschen halfen mehr;

Das Jüngste lag am Tod, - da trug's
Mein Mann nicht mehr, - und er - erschlug's -!

BRAND. Erschlug's -?

DAS VOLK *(entsetzt.)*
Sein Kind!

DAS WEIB. Im selben trat
Ihn an die Sünde seiner Tat!
Anfiel die Reu' ihn wie ein Brand,
Ans eigne Leben legt' er Hand.
O komm, trotz Sturm und Wellennot!
Er flucht dem Leben, bebt vorm Tod,
Die Leich' im Arm liegt er und nennt
Des Bösen Namen ohne End'!

BRAND *(für sich.)*
Ja, *hier* ist Not.

EJNAR *(bleich.)* Er stirbt verdammt.

DER VOGT.
Der Mann gehört nicht in mein Amt.

BRAND *(kurz, zu der Menge.)*
Ein Boot los! Und begleit' mich einer!

EIN MANN.
Bei diesem Wind? Das wagt dir keiner!

DER VOGT.
Den Fjord rund läuft ein Steig -

DAS WEIB. Nein, nein, -
Der Weg ist jetzt zu ungewiss;

Ich kenn' ihn, doch der Sturzbach riss
Dicht hinter mir den Holzsteg ein!

BRAND.
Ein Boot macht los!

EIN MANN. Unmöglich jetzt,
Wo sich die See so widersetzt!

EIN ANDERER *(zeigt nach dem andern Ufer.)*
Dort kommt's herunter, - Fels und Strauch!
Der ganze Fjord ist Staub und Rauch!

EIN DRITTER.
Solang' der Sturm so drohend spricht,
Enthebt der Propst dich deiner Pflicht!

BRAND.
Ein Sünder, dessen Stunde schlägt,
Verzieht nicht, bis ein Sturm sich legt!
(Springt in ein Boot und zieht das Segel auf.)
Ihr wagt das Schiff?

DER EIGENTÜMER. Das wohl; - doch bleib!

BRAND.
Wohlan! Wer wagt nun seinen Leib?

EIN MANN.
Ich nicht.

EIN ANDERER.
Ich auch nicht. Bei dem Wehn!

MEHRERE.
Das hieß' blind ins Verderben gehn!

BRAND.
Ja, euer Gott hülf' keinem fort,
Doch *meiner*, wisst, ist mit an Bord!

DAS WEIB *(ringt die Hände.)*
Er stirbt!

BRAND *(ruft vom Boote aus:)*
Wenn sich nur einer stellt,
Der schöpft und vorn am Fock sich hält!
Hier gab doch grad' manch wackrer Mann; -
Gebt mehr noch! Gebt Euch selbst noch dran!

MEHRERE *(zurückweichend.)*
Verlang' das nicht!

EIN EINZELNER *(drohend.)*
Gib's auf, dein Spiel!
Was Gott zu viel, ist Gott zu viel.

MEHRERE STIMMEN.
Das Wetter wächst!

ANDERE. Die Kette sprang!

BRAND *(hakt sich mit dem Bootshaken fest und ruft dem fremden Weibe zu:)*
So komm denn du; doch säum' nicht lang'!

DAS WEIB *(weicht zurück.)*
Ich? Wo kein Mensch -?

BRAND. Nur Gott vertraut!

DAS WEIB.
Ich kann nicht!

BRAND. Nicht -?

DAS WEIB. Die Kinder, schaut!

BRAND *(lacht auf.)*
Sand ist der Grund, darauf Ihr baut!

AGNES *(wendet sich mit glühenden Wangen rasch nach Ejnar um, legt ihm die Hand auf den Arm und sagt:*
Hast du gehört?

EJNAR. Der gibt sich nicht!

AGNES.
Mit Gott! So kennst du deine Pflicht!
(Ruft Brand zu:)
Sieh her, hier springt dir einer bei,
Der deiner, hoff' ich, würdig sei!

BRAND.
So komm!

EJNAR *(bleich.)*
Ich?

AGNES. Geh! Ich opfre dich!
Die Blindheit, die mich schlug, entwich!

EJNAR.
Eh' ich dich kannte, hätt' ich mich
Freiwillig selbst geopfert, - jetzt -

AGNES *(bebend.)*
Jetzt -?

EJNAR. - wär' zu viel aufs Spiel gesetzt; -
Ich *kann* nicht!

AGNES *(weicht zurück.)*
Was hast du gesagt?

EJNAR.
Ich *darf* nicht!

AGNES *(mit einem Aufschrei.)*
Jetzt, Gott sei's geklagt,
Hat reißend sich, sturmüberfegt,
Ein Weltmeer zwischen uns gelegt!
(Zu Brand.)
Ich komme!

BRAND. Gut; so fahren wir!

DIE WEIBER *(entsetzt, während sie in das Boot springt.)*
Hilf, Jesus!

EJNAR *(greift verzweifelt nach ihr.)*
Agnes!

DIE GANZE MENGE *(eilt hinzu.)*
Halt! Bleibt hier!

BRAND.
Wo liegt die Hütte?

DAS WEIB *(zeigt hinaus.)*
Dreh' das Schiff
Dort drüben um das schwarze Kliff!
(Das Boot stößt ab.)

EJNAR *(schreit ihnen nach.)*
Der Mutter denk, der Brüder! Mord'
Ihr Glück nicht!

AGNES. Hier sind *drei* an Bord!

Das Boot segelt ab. Das Volk *schart sich auf den Höhen zusammen und verfolgt es mit höchster Spannung.*

EIN MANN.
Er macht's!

EIN ANDERER. Glaub's nicht!

DER ERSTE. Jawohl! Ich seh',
Er hat das Achter schon in Lee!

DER ANDERE.
Ein Windstoß! Hei, der traf sie gut!

DER VOGT.
Seht, - da entführt er ihm den Hut!

EIN WEIB.
Schwarz, wie ein Rabenflügelpaar,
Schlägt wild im Sturm sein nasses Haar!

ERSTER MANN.
In Rauch und Dampf steht alles!

EJNAR. Still!
Was schrie da grad' so grell und schrill?

EIN WEIB.
's kam von den Höhn.

EIN ANDERES *(zeigt nach oben.)*
Da steht die Gerd
Und johlt, wie er vorüberfährt!

ERSTES WEIB.
Schaut, wie sie in ein Bockshorn stößt
Und Stein um Stein vom Abhang löst!

ZWEITES WEIB.
Jetzt wirft sie's Horn ins Heideland
Und tutet durch die hohle Hand!

EIN MANN.
Ja, tut' und gröhl' nur, wüster Troll,
Den Mann, den irrst du keinen Zoll!

EIN ANDERER.
Wenn's wieder nottut, - steuert *er,*
Geh' ich bei schwererm Sturm aufs Meer.

ERSTER MANN.
Was war er?

EJNAR. Pfarrer.

ZWEITER MANN. Was er war, -
Er war ein *Mann;* so viel ist klar!
In ihm war Trotz und Kraft und Mut.

ERSTER MANN.
Der tät' uns hier als Pfarrer gut!

VIELE STIMMEN.
Ja, *der* tät' uns als Pfarrer gut!
(Sie zerstreuen sich über die Höhen.)

DER VOGT *(sucht seine Papiere und Bücher zusammen.)*
Es war zum mind'sten inkorrekt,
Dass er den Kopf hierein gesteckt
Und ohne zwingendes Motiv
Gefahr an Leib und Leben lief. -
Ich sorg' gewiss für allesamt, -
Doch allzeit nur in meinem Amt.
(Ab.)

Vor der Hütte auf der Landspitze.

Es ist hoher Tag. Der Fjord liegt blank und still. Agnes *sitzt unten am Strande. Gleich darauf tritt* Brand *aus der Tür.*

BRAND.
Er ist tot. Nun, wie geborgen
Vor den Schrecken des Gerichts,
Stillen, großen Angesichts,
Liegt er, licht und frei von Sorgen.
Wie der Tod doch Nacht in Tag
Trügrisch umzuglühn vermag!
Seinem höllischen Vergehen
Sah er nicht bis auf den Grund, -
Sah nicht mehr, als was ein Mund
Nennt, was man mit Händen tastet,
Was auf seinem Namen lastet:
Was dem Kind von ihm geschehen.
Doch die beiden, die voll Graun
Ihre Augen an ihn hängten
Gleich zwei Vögeln, eng gedrängten,
Die vom Herddach niederschaun, -
Sie, die blöd' und ratlos sahn,
Was für Dinge da geschahn, -
Deren Seele sich ein Fleck
Einfraß, den kein glühend Eisen,
Keine Säure aus ihr weg
Tilgt, - und würden sie zu Greisen, -
Deren Keime aus den Schollen
Solchen Erdreichs brechen sollen, -
Deren Wachstum, Zoll um Zoll,
Solch ein Fluch beschatten soll, -
Sie, die dieser Nachtgedanke
Nimmermehr verlassen kann, -
Sie, sie sah er nicht, der Kranke,
Nicht, wie seiner Tat Geranke
Sich um sie als Erben spann. -

Und das Schuldbuch wird vielleicht
Weiter fort und fortgereicht,
Weil, - o Abgrund, der hier ruht! -
Weil sie ihres Vaters Blut!
Was wird still gestrichen werden,
Was mild ausgeglichen werden?
Wie weit schreibt sich eines jeden
Haftpflicht für ererbte Schäden?
Wer wird zeugen, wer wird richten,
Wenn es gilt, den Stoff zu sichten?
Wer wird dann die Wahrheit wissen,
Wo ein jeder Delinquent?
Wer darf weisen sein zerschlissen,
Übertragen Dokument?
Schwindeltiefe Rätselnächte,
Wer Euch je zum Reden brächte!
Doch von Sinnen und Verstande
Tanzt der Schwarm an Abgrunds Rande; -
Alle sollten zittern, beben, -
Doch nicht *einer* sieht von tausend,
Welch ein Berg von Schuld sich grausend
Auftürmt auf dem Wörtlein: *Leben*.

Einige Männer aus dem Dorfe *kommen hinter dem Hause hervor und nähern sich Brand.*

EIN MANN.
Wir treffen uns zum zweiten Mal.

BRAND.
Zu spät; zu End' ist seine Qual.

DER MANN.
Mag sein; doch ist's mit ihm vorbei, -
Drin in der Stube sind noch drei.

BRAND.
Nun, und - ?

DER MANN. Wir haben von dem da,
Womit man uns im Dorf versah -

BRAND.
Und gäbst du *alles* - außerm Leben,
So wisse, du hast nichts gegeben.

DER MANN.
Hätt' ihm, der jetzt da drinnen tot,
In seinem Nachen Not gedroht,
Und hätt' er dort um Hilf' geklagt,
Weiß Gott, ich hätt' mich dran gewagt.

BRAND.
Doch Seelennot, - sie hat kein Recht?

DER MANN.
Wir sind ein arm, geplagt Geschlecht.

BRAND.
So kehrt auch eure Augen ganz
Von Sonnenschein und Firnenglanz!
Lasst nicht das Linke aufwärts zücken
Und hängt das Rechte unverwandt
Ans Tal, wo ihr, mit krummen Rücken,
Euch selber habt ins Joch gespannt.

DER MANN.
Ich hatt' gedacht, dein Rat wird sein,
Wir sollten uns daraus befrein.

BRAND.
Ja, könntet ihr's!

DER MANN. Das steht bei dir.

BRAND.
Bei mir?

DER MANN. Schon mancher wies uns hier
Den Weg und sprach uns mahnend zu; -
Doch keiner *ging* den Weg, wie *du*.

BRAND.
Du meinst -?

DER MANN. Es prägt sich *eine* Tat
Mehr ein denn tausendfacher Rat.
In uns geht unser Dorf dich an; -
Denn, was uns nottut, ist ein *Mann*.

BRAND *(unruhig.)*
Was wollt ihr?

DER MANN. Unser Pfarrer sei!

BRAND.
Ich? Hier!

DER MANN. Dass unsere Pfarrei
Vakant ist, fand ja wohl dein Ohr.

BRAND.
Ja, jetzt besinn' ich mich -

DER MANN. Vor Zeiten,
Da konnt' der Sprengel viel bestreiten.
Doch Misswachs kam, das Korn erfror,
Von Seuchen fielen Volk und Vieh,
Den Rest warf Armut auf die Knie,

Dass jedermann den Mut verlor; -
Kaum dass man noch sein Brot bestritt!
Da fiel denn auch der Pfarrer mit.

BRAND.
Heisch' was du willst, doch solches nicht!
Mein wartet eine höhre Pflicht.
Ich brauch' des Lebens großes Führen,
Ich brauch' der Erde offne Türen.
Doch hier? In einem Felsenkerker
Hat Menschenzunge nicht Gewalt.

DER MANN.
Antworten Felsen, hallt nur stärker
Das Wort, das voll und kräftig schallt.

BRAND.
Wer schlöss' sich ein in finstrer Zellen,
Besäß' er weit und breit das Land?
Wer ackerte Geröll und Sand,
Wär' ihm ein Erbgut zu bestellen?
Wer wollt' von Kernen Frucht empfahn,
Wenn sich am Baum die Äpfel röten, -
Wer sich in stumpfem Tagwerk töten,
Winkt' ihm ein Weltkreis aufgetan?

DER MANN.
Dein Tun war klarer als dein Wort.

BRAND.
Was drängt ihr mich! An Bord, an Bord!
(Will gehen.)

DER MANN *(vertritt ihm den Weg.)*
Ist dieser Ruf, der an dich geht,
Das Werk, danach dein Wille steht,
Dir wirklich wert?

BRAND. Dies Werk ist mir
Mein Leben selber!

DER MANN. So bleib hier!
(Mit Nachdruck.)
Und gäbst du *alles* - außerm Leben,
So wisse, du hast nichts gegeben.

BRAND.
Dein Selbst, das kannst du nicht verschenken,
Nicht deinen innersten Beruf.
Umsonst, den Sturzbach abzulenken,
Wenn Gott ihn der Bestimmung schuf,
Den Lauf zum offnen Meer zu senken!

DER MANN.
Ob Sumpf und Teich sich widersetzt,
Als *Tau* erreicht er's *doch* zuletzt.

BRAND *(sieht ihn fest an.)*
Wer lehrte solches solchem Munde?

DER MANN.
Du selbst, in jener großen Stunde,
Da du dich, spottend unsrer Angst,
Durch Wind und Wellen vorwärts rangst,
Da 's dich, der armen Seel' zulieb,
Durch Wogenbraus und Sturmgraus trieb; -
Da überlief's uns, Jung und Alt,
Wie Wind und Sonne, heiß und kalt,
Da klang's wie Osterglockenchor - -
(Senkt die Stimme.)
Doch morgen ist's wohl wie zuvor.
Da ziehn wir wieder, trüb, allein,
Die Auferstehungsfahnen ein.

BRAND.
Unkraft ist nimmer zukunftsvoll.
(Hart.)
Wer das nicht sein kann, was er *soll*, -
Der sei nur ernstlich, was er *kann*,
Sei ganz und gar der Erde Mann.

DER MANN *(sieht ihn eine Weile an und sagt dann:)*
Weh' dir, der auslosch, da er ging;
Weh' uns, die kurzer Tag umfing!
(Er geht; die übrigen folgen ihm still.)

BRAND *(sieht ihnen lange nach.)*
Schweigend, mit gebeugten Rücken,
Zieht der stille Haufe fort;
Seine schweren Füße rücken
Müd' und matt ihn kaum vom Ort.
Jeder geht, den Leib zusammen-
krümmend, furchtgeschwächten Knies, -
Geht wie der, von dem wir stammen,
Da der Cherub ihn verstieß, -
Beut, wie er, den Finsternissen
Schläfen schuld- und kummerschwer, -
Trägt sein hart erkauftes Wissen,
Sein verloren Glück wie er.
Menschen hab' ich schaffen wollen,
Neu und ganz und hehr und rein; -
Was ist diesen Makelvollen
Noch mit Gottes Bild gemein!
Fort! Zu reichern Möglichkeiten!
Helden können hier nicht streiten.
(Will gehen, bleibt jedoch beim Anblick der am Strande sitzenden Agnes stehen.)
Wie sie lauscht! Als schwängen Saiten
Ihr nur hörbare Akkorde!
Lauschend so, saß gischtumstaubt sie,
Da das Boot den Sturm durchstampfte, -

Lauschend hielt sie sich am Borde, -
Lauschend schüttelte das Haupt sie,
Wenn's die Flut zu dicht umdampfte.
Als ob Ohr mit Auge tauschte,
Ist's - und mit dem Aug' sie lauschte!
(Nähert sich ihr.)
Sind es, Mädchen, wohl des Strandes
Linien, drauf dein Auge feiert - ?

AGNES *(ohne sich umzuwenden.)*
Nicht des Strandes noch des Landes;
Beide liegen mir verschleiert.
Eine größre Welt erspäh' ich;
Scharf zur Luft steht ihre Ründung;
Meere, breiter Ströme Mündung,
Sonnengold durch Nebel seh' ich;
Seh' um wolkendunkle Gipfel
Purpurlohe ziehn und schwinden,
Seh' die endlos öden Watten
Einer Wüste; Palmenwipfel
Schwanken dort in heißen Winden,
Werfen lange, schwarze Schatten;
Lebens ist kein Hauch zu finden, -
Still ist's wie am Schöpfungstage;
Und ich höre Stimmen klingen,
Höre Zungen mir befehlen:
Wirf dein Alles in die Waage!
Schweres steht dir zu vollbringen, -
Diese Welt sollst du beseelen!

BRAND *(mitgerissen.)*
Sag', was siehst du mehr?

AGNES *(legt die Hand auf die Brust.)*
Hier innen
Merk' ich Kräfte heimlich brauen,
Spür' ich Quellen schwellend rinnen,

Schau' ich Dämmerungen grauen.
Wie ein All, nach allen Seiten
Fühl' ich mein Gemüt sich weiten,
Und ich höre mir befehlen:
Diese Welt sollst du beseelen!
Was an Taten und Gedanken
Alles kommen soll, erhebt sich,
Flüstert, atmet, regt, belebt sich,
Drängt nun in des Lebens Schranken;
Und ein Ahnen mehr als Sehen
Zeigt mir *Ihn* dort oben stehen,
Wie er niederblickt, das Herz
Voller Liebesglut und Schmerz,
Licht und mild wie Morgenrot,
Und betrübt doch bis zum Tod;
Und ich höre Stimmen klingen:
Auf zum neuen Schöpfungstage!
Nun steigt oder sinkt die Waage; -
Schweres steht dir zu vollbringen.

BRAND.
In - ja - *in* dich! Dahin weist es!
Dahin rollt das Rad des Geistes!
Du, dein Herz, - *das* sei die Sphäre,
Die sich göttlich neu gebäre, -
Da des Willens Geier sterbe, -
Die der neue Adam erbe!
Geh' die Welt denn ihren Gang
Unter Seufzen oder Sang; -
Aber prallen wir zusammen,
Trachtet sie mir Untergang,
Dann, beim Himmel, setzt es Flammen!
Eins begehrt ein Mann allein:
Bahn frei, ganz er selbst zu sein; -
Mag er alles sonst entbehren, -
Dies Recht soll ihm keiner wehren.
(Verstummt auf eine Weile in Gedanken und sagt dann:)
Ganz er selbst! Doch das Gewicht

Ihm vererbter Schuld und Pflicht?
(Hält inne und blickt auf.)
Wer ist die dort mit dem Stecken?
Keuchend kommt, verkrümmt, verschrumpelt,
Sie den Berg herauf gehumpelt,
Bleibt, sich zu verschnaufen, stehn,
Stützt sich auf, nicht umzufallen,
Wühlt mit magern Fingerkrallen
Hastig in den tiefen Säcken,
Wie nach einem Schatz zu sehn.
Über schlotternden Gebeinen
Schlenkert's wie ein Federhemd,
Und die krummen Hände scheinen
Eines Habichts, der in einen
Scheunentorspalt eingeklemmt.
(Plötzlich erbangend.)
Ha! Welch frostiges Entsinnen! -
Treibt ein Spuk hier seinen Spott?
Grabkalt fühl' ich's von ihr rinnen, -
Doppelt grabkalt stürmt's hier drinnen! - -
Meine Mutter! - Großer Gott!

BRANDS MUTTER *(bleibt, den Berg heraufkommend, stehen, zunächst nur halben Leibes sichtbar. Sie beschattet die Augen mit der Hand und sieht sich um.)*
Hier muss er sein.
(Kommt näher.)
Dies Teufelsbrennen
Und -flimmern schafft mir Höllenpein!
Bist *du* mein Sohn?

BRAND. Ja.

DIE MUTTER *(reibt die Augen.)*
Huh! Der Schein
Sticht einem ins Gesicht hinein;
Man kann nicht Pfaff und Bauer trennen.

BRAND.
Daheim sah ich die Sonne nie -
Vom Herbst an, bis der Kuckuck schrie.

DIE MUTTER *(lacht in sich hinein.)*
Nein, da erfriert eins allgemach,
Als wie der Eisbart überm Bach,
Und fasst zuletzt zu *allem* Mut
Und denkt: Gott hält dir's wohl zu gut.

BRAND.
Willkommen und Lebwohl! Es eilt.

DIE MUTTER.
Ja, ja, du hast nie gern verweilt.
So liefst du weg als Junge schon -

BRAND.
Du warst's, die mir zu gehn gebot.

DIE MUTTER.
Ich hatte meine Gründe, Sohn;
Denn dass du Priester wardst, tat not.
(Betrachtet ihn näher.)
Hm, stark ist er geworden, groß!
Doch horch mir nun auf eines bloß:
Acht' auf dein Leben!

BRAND. Auf nichts mehr?

DIE MUTTER.
Nichts mehr? Was hast du mehr auf Erden?

BRAND.
Ich meine, kommst du nur hierher,
Mir dies zu raten?

DIE MUTTER. Andre werden
Dir andres raten. Doch dein Leben
Erhalte der, die dir's gegeben!
(Zornig.)
Dran heut sich weit die Zungen wetzen,
Verschlug mir Sinn und Atem fast.
Heut auf den Fjord! Aufs Spiel zu setzen,
Was du für *mich* zu wahren hast!
Du bist der letzte des Geschlechtes,
Du bist mein Sohn, mein Fleisch und Bein,
Du krönst mein teures, kunstgerechtes
Gebäud' als letzter, höchster Stein.
Halt aus! Steh fest! Leb', weil es Zeit ist!
Acht' auf dich selbst! Vergiss dich nicht!
Zu leben ist des Erben Pflicht, -
Des meinen, - wenn es einst so weit ist.

BRAND.
Drum also kommst du heut gegangen:
Mit vollen Taschen mich zu fangen -?

DIE MUTTER.
Sohn, bist du toll!
(Weicht zurück.)
Komm mir nicht nah!
Bleib stehn! Ich schlag' dich mit dem Stabe!
(Ruhiger.)
Was meintest du damit? - Nun ja,
Man altert Jahr um Jahr, und da
Ist jeder Schritt ein Schritt zum Grabe.
Dann fällt an dich, was ich besessen.
Gezählt, gewogen und gemessen
Liegt alles. - Ich hier hab' nichts mit! -
Daheim liegt alles. 's will nichts heißen;
Doch wer's mal erbt, hat doch zu beißen. -
Komm mir nicht näher! Keinen Schritt! -
Ich schwöre dir, in keiner Ritze

Was zu verstecken, keinen Topf
Wo einzuscharren, keinen Knopf
Verdeckt von einem Mauersteine,
Von einem Dielenbrett zu lan; -
Du, Sohn, sollst all mein Erbe han;
Das ganze fällt an dich alleine.

BRAND.
Und von Bedingungen?

DIE MUTTER. Nur eine:
Erhalt dein Leben dem Besitze,
Und erb' ihn fort von Sohn zu Sohn;
Ich will mir keinen andern Lohn.
Und sorg' mir, dass nichts durchgebracht wird,
Geteilt wird oder losgemacht wird; -
Vermehr' ihn oder nicht; nur wahr',
Nur wahr' ihn wachsam Jahr um Jahr!

BRAND *(nach einer kurzen Pause.)*
Eins werde klar zwischen uns zwein:
Von Kind auf war ich stets dein Nein.
Nie war'n wir Sohn und Mutter, Frau,
Bis ich nun groß und du nun grau.

DIE MUTTER.
Ich fordre weder Patsch noch Schmatz.
Sei, wie du willst, eiszapfenkalt,
Harsch, barsch, - an meinem Busenlatz
Sind schlimmre Dinge abgeprallt;
Nur halt ums Erb' die Faust geballt!
Das bleib' in unsrer Sipp' Gewalt!

BRAND *(tritt ihr einen Schritt näher.)*
Und wenn nun's Gegenteil mich freute, -
Dass ich's in alle Winde streute?

DIE MUTTER *(taumelt zurück.)*
Verstreuen, was manch Knechtschaftsjahr
Gekrümmt mein Kreuz, gebleicht mein Haar?

BRAND *(nickt langsam.)*
Verstreun, ja.

DIE MUTTER. Tätst du diesen Schritt,
Du streutest meine Seele mit!

BRAND.
Und irrt' ich doch nun dein Bemühn?
Wenn du den letzten Seufzer tust,
Die Lichter vor dem Lager glühn,
Und du, 's Gesangbuch in den Händen,
Die erste Nacht des Todes ruhst, -
Und brächt', was nur die Finger fänden,
Der Zettel all erwühlten Wust,
Zuletzt der Kerze gieren Bränden? -

DIE MUTTER *(nähert sich in Spannung.)*
Wo hast du den Gedanken her?

BRAND.
Woher? Soll ich erzählen?

DIE MUTTER. Ja!

BRAND.
Von einem Nachtspuk, der mich schwer
Bedrückt, seit ich, als Kind, ihn sah;
Der meiner Seele ward zur Qual
Wie einer Hasenscharte Mal.
Herbstabend. Vater war nicht mehr;
Du lagst als krank. Ich schlich hinein, -
Da schlief er bleich im Kerzenschein.
Aus einem Winkel starrt' ich bang

Nach ihm und sah, er hielt ein Buch;
Mich schreckte seines Schlafes Schwere,
Der Adern bläulich blasse Leere;
Ich roch das kalte Leichentuch; -
Da hört' ich Tritte her vom Gang; -
Ein Weib ging, - ohne mich zu sehn, -
Zum Bett hin aufgereckten Zehn,
Hub an sich drüber hinzubücken,
Den Toten hin und her zu rücken, -
Um Bund auf Bund hervorzuziehen
Und zählend, flüsternd hinzuknien, -
Bis eine pralle Lederkatze
Ans Licht kam, gierig aufgerissen,
Nein, aufgekratzt und aufgebissen, -
Und grub und grub, bis alles leer war,
Und zählte, schmälte, dass nicht mehr war,
Und weinte, klagte, schalt und schwur,
Stets Weitrem witternd auf der Spur, -
Und dann - mit Jubels Überschwang,
Ein Falke, schoss sie auf den Fang.
Zuletzt war alles umgedreht;
Sie ging, wie ein Verdammter geht,
Den Fund in ihren Schurz geschicht't
Und stöhnend: Mehr war's also nicht.

DIE MUTTER.
Groß war die Fordrung, klein der Fund;
Ich war betrogen bis zum Grund.

BRAND.
Noch mehr. Der karge Sündenlohn
Betrog Dich auch noch um den Sohn.

DIE MUTTER.
Ja, 's ist nun mal der Lauf der Welt:
Mit Blute kauft sich Gut und Geld.
Ich zahlte hohen Preis genung;

Mich deucht, ich ließ mein Leben jung.
Ich ließ, was längst sich nun empfahl, -
Ein Ding wie Wind und Sonnenstrahl,
Ein Ding, das dumm und schön zumal;
Ein Ding, des Name kaum mir blieb;
Ich glaub', die Leute schalten's Lieb'.
Ich weiß noch gut, wie's an mir fraß,
Noch gut, wie mir's der Vater las:
Was ist der Häuslersohn dir nütze!
Der Brand, ob auch ein welker Ast,
Das ist ein Kerl von Grips und Grütze!
Der mehrt dir doppelt, was du hast! -
Ich nahm ihn; Schimpf war mein Gewinn.
Er bracht' es nie und nie dahin.
Doch ich hab' Tag und Nacht geheckt,
Sodass der Rest nun balde kleckt.

BRAND.
Und denkst du, nun 's zu Grabe geht,
Auch, wie's um deine Seele steht?

DIE MUTTER.
Dass ich dran dacht', am besten wies,
Dass ich dich Priester werden hieß.
Trifft mich mein Los und dich dein Teil,
So sorg' für meiner Seele Heil!
Ich hab' den sau'r erworbnen Hort,
Du hast den Trost, die Macht, das Wort.

BRAND.
So klug du warst, du täuschtest dich.
Du sahst im Licht der Heimat mich.
So rechnend gehn der Eltern mehr
Hier hinter ihren Kindern her.
Ihr meint, das Kind hab' nur der Alten
Erbtrödel weiter zu verwalten.
Der Ewigkeit ein blasser Schein

Geht eure Seelen aus und ein; -
Ihr langt nach ihm, dem Wahn geneiget,
Er sei schon euer, wann nur fein
Ihr Sipp' und Erb' zusammenzweiget, -
Dass Tod vor Leben dann verstumme -
Und Ewigkeit euch werd' als Summe
Hochaufgehäufter Jahresreihn.

DIE MUTTER.
Forsch' nicht in deiner Mutter Sinn,
Und nimm dein Erb', wenn's dein wird, hin!

BRAND.
Und deine Schuld?

DIE MUTTER. Schuld? Welche denn?
Ich schulde keinem was.

BRAND. Doch *wenn* -!
So müsst' ich all dem Gut entsagen,
Bis jede Schuld glatt abgetragen.
Ein Sohn, geht seine Mutter ruhn,
Muss jeder Fordrung Gnüge tun
Und übernähm' ich 's Haus stockleer, -
Dein Schuldbuch doch mein Erbe wär'.

DIE MUTTER.
Das fordert kein Gesetz.

BRAND. Nein, keins,
Das Tint' und Feder schrieb, doch eins,
Das jedes braven Sohns Gemüt
Mit mahnender Gewalt durchglüht; -
Und *dem* Gesetz soll gnug geschehn.
Verblendete, so lern' doch sehn!
Dass du den Herrn in dir erniedert,
Dein Seelenlehen öd' vertan,

Dass du das Bild, das du empfahn,
In Kot gezogen und beschmutzt,
Dass du den Geist, einst reich gefiedert,
Im Weltgetümmel schnöd' gestutzt, -
Ist deine Schuld! Wo willst du hin,
Wenn Gott einst nach dem Seinen frägt?

DIE MUTTER *(scheu.)*
Wohin ich will?

BRAND. Getrost! Es trägt
Dein Sohn die Schuld der Sünderin.
Das Bild, dran deine Makel kleben,
In mir soll sich's geklärt erheben!
Magst ruhig zu den Toten gehen.
Kein Schuldbuch ängste deine Ruh'; -
Ich tilge -

DIE MUTTER. Schuld und all Versehen?

BRAND.
Die Schuld. Nur *diese*; hör' wohl zu.
Die Schuld will ich, dein Sohn, abtragen;
Der Sünde musst du selbst entsagen.
Das Maß des Menschlichen, das man
Dem Moloch Weltlust hinwarf, kann
Durch eines andern Taten sich
Bezahlen bis auf Punkt und Strich;
Doch *dass* man's also ließ verderben,
Das sühnt Bereu'n bloß - oder Sterben!

DIE MUTTER *(unruhig.)*
Am besten ist's für mich wohl doch
In meinem kühlen Schattenloch;
In dieser Schwül' hier sprießt nur Keim
Auf Keim vergifteter Gedanken;
Man wird schier schwindlig von dem Duft.

BRAND.
Ja, kehr' in deinen Schatten heim.
Doch fühlst du Deine Kräfte schwanken
Und sehnst du Dich nach Licht und Luft,
So schick' nach mir, so werd' ich eilen.

DIE MUTTER.
Ja, du mit deinen Strafurteilen!

BRAND.
Nein, mild als Priester, warm als Sohn,
Wehr' ich den Schrecken, die dir drohn;
An deinem Lager mein Gesang
Soll trösten dich zum letzten Gang.

DIE MUTTER.
Das gilt so seiner Zeit wie heut?

BRAND.
Das gilt, sobald dein Herz bereut.
(Tritt näher auf sie zu.)
Doch eines fordr' ich zum Entgelt.
Freiwillig opfre, was die Welt
Dir alles von dem ihren gab,
Und schreite nackend in dein Grab!

DIE MUTTER *(schlägt wild nach ihm.)*
Gebiete, dass sich Feuer, Brennen -
Schnee, Frieren - Wasser, Feuchtsein trennen!
Lass ab!

BRAND. Wirf's in den Fjord und bete,
Dass dich die Tat bei Gott vertrete.

DIE MUTTER.
Heisch' Hunger, Durst, - nur *den* Verzicht,
Dies größte Opfer fordre nicht!

BRAND.
Bleibt eben dieses *größte* fort,
So mildert nichts sein Richterwort.

DIE MUTTER.
Ich leg' in unsern Opferkrug -

BRAND.
Alles?

DIE MUTTER.
Ist *viel* noch nicht genug?

BRAND.
Du tust nicht eher Buße, bis
Dein Herz wie Hiobs nicht zerriss.

DIE MUTTER *(ringt die Hände.)*
Mein' Seel' verdammt, mein Tag vergeud't!
Um arme Frist mein Gut verstreut!
Heim denn, und dicht ans Herz gehegt,
Was heut noch meinen Namen trägt.
Mein Gut, mein Schmerzenskind, mein Gut,
Für dich riss ich die Brust in Blut!
Nun kommt dein weinend Mütterlein
Und wiegt ihr sterbend Kindlein ein. -
War's mich im Fleisch zu schaffen not,
Wenn Fleisches Lust der Seele Tod? -
Halt' nah dich, Pfarrer! Weiß noch nicht,
Wes Sinns ich werd', wann's Auge bricht.
Muss ich, noch lebend, alles lassen, -
Will ich doch in Geduld mich fassen.
(Ab.)

BRAND *(sieht ihr nach.)*
Ja, dein Sohn wird nah sich halten,
Harren, dich bereu'n zu sehn,

Wärmen deine alten, kalten
Hände, wenn sie nach ihm flehn.
(Geht hinab zu Agnes.)
Als ich heut hier niederstieg,
Stand mir Herz und Sinn nach Krieg,
Hört' ich ferner Weisen Wecken,
Sah das Schwert des Zorns mich recken,
Lügen fällen, Trolle schrecken,
Alle Welt zu Boden strecken.

AGNES *(hat sich umgewendet und sieht hellen Auges zu ihm auf.)*
Niedrig lag heut früh mein Ziel;
Denn ich wollte Lug und Spiel,
Wollt' gewinnen, wollt' vermehren,
Was Gewinn war, zu entbehren.

BRAND.
Holde Träume, große Träume
Suchten mich gleich wilden Schwänen,
Hoben mich auf breite Schwingen.
Sah mich rings, in stolzem Wähnen,
Schuld und Leid der Zeit bezwingen,
In der Faust des Weltlaufs Zäume.
Frommer Prozessionen Pracht,
Hymnen, Weihrauch, Festgepränge,
Goldne Schalen, Preisgesänge,
Zuruf jubelnder Gedränge
Sah ich meinem Werk gebracht.
Alles lud so lockend ein, -
Doch das Ganze war ein Traum
Wie halb Blitz, halb Sonnenschein
Über ferner Lande Saum.

Jetzo steh' ich, wo es grauet,
Lang' bevor der Tag verblauet,
Zwischen Hochgebirg' und Sund,
Abgesperrt vom Weltgewimmel,

Nur mit einem Streiflein Himmel, -
Doch ich steh' auf Heimatsgrund.
Scheide, festliches Gedicht!
Lass mich, Flügelross, zur Erden!
Mich erharrt ein höher Ziel
Denn Turnier und Ritterspiel, -
Tag- um Tagwerk, Pflicht um Pflicht
Soll hier Fest und Feier werden!

AGNES.
Und der Gott, der fallen sollte?

BRAND.
Wird im stillen nun gefällt, -
Nicht mehr laut vor aller Welt,
Wie's am Morgen ich noch wollte.
Klar erblick' ich, dass ich fehlte,
Als ich jenen Heilsweg wählte.
Keines Helden lärmvoll Handeln
Wird dies Zwerggeschlecht verwandeln,
Kein Entfalten reicher Kräfte
Bessern seine kranken Säfte.
Wille, Willen ist von Nöten!
Der wird retten oder töten.
Wille, ganz, in allen Dingen,
Im Erhabnen, im Geringen.
(Wendet sich nach der Seite des Dorfes zu, über das bereits die ersten Abendschatten fallen.)
Kommt denn, die ihr eure Stecken
Heimwärts setztet, müde Männer!
Uns-Vertrauer, Uns-Erkenner,
Woll'n wir brünstig uns erneuen,
Lug und Halbheit niederstrecken,
Wecken unsres Willens Leuen.
Hand am Karst, wie Hand am Schwert
Eint sich leicht mit Manneswert!

Eins ist not: dass wir auf Erden
Tafeln *Seines* Griffels werden.

Er will gehen. Ejnar *kommt ihm entgegen.*

EJNAR.
Gib mir, was du nahmst, zurück!

BRAND.
Agnes? Wolle selbst sie fragen!

EJNAR *(zu Agnes.)*
Wähle zwischen lichten Tagen
Und der Felsschlucht Kerkerglück!

AGNES.
Geh! Ich habe nichts zu wählen.

EJNAR.
Agnes, muss ich dir erzählen,
Was die alten Lehren sagen:
Leicht gehoben, schwer getragen!

AGNES.
All dein Locken ist verschwendet.
Ich will tragen, bis es endet.

EJNAR.
Denk an deiner Lieben Klagen!

AGNES.
Grüß' sie! Wird die Seele ruhn,
Klär' ich ihnen selbst mein Tun.

EJNAR.
Draußen auf der Flut, der blanken,

Eilen Segel weiß vom Strand;
Ziehn wie sehnende Gedanken
Hohe Bord', in Schaumgewanden,
Jagen, fliehn dahin, zu landen
Fern in einem Zauberland!

AGNES.
Lass du nur den Wimpel steigen;
Denk, dass ich begraben wär'.

EJNAR.
So sei schwesterlich mein Eigen!

AGNES *(schüttelt den Kopf.)*
Uns zwei trennt ein Weltenmeer.

EJNAR.
Oh, dann heim zum Mutterherzen!

AGNES *(leise.)*
Lehrer, Bruder, Freund verscherzen?

BRAND *(kommt einen Schritt näher.)*
Junges Weib, bedenk dich fein.
Zwischen Stein und aber Stein,
Unter kahlen Felsenzinnen,
In der Halbnacht ewigem Spinnen
Wird mein Tag fortan hier innen
Wie ein düstrer Herbsttag sein.

AGNES.
Dass sich Dunkel tragen lerne,
Brechen durchs Gewölk die Sterne.

BRAND.
Wisse, dass ich viel begehre,
Alles fordre oder *nichts;*

Wichest du vom Weg des Lichts,
Wärst du wie ein Wrack im Meere.
Hoffe nichts mir abzudingen,
Keine Nachsicht abzuringen; -
Trägt dich's Leben nicht zum Ziel,
Musst du's stumm zum Opfer bringen!

EJNAR.
Fliehe dieses wilde Spiel!
Lass der finstren Dogmen Mann.
Leb', wie dein Gefühl es kann!

BRAND.
Wähle; - heilig sei Dein Wille!
(Ab.)

EJNAR.
Wähle zwischen Sturm und Stille!
Wenn du jetzt dich wirst erheben,
Wählst du zwischen Glück und Sorgen,
Wählst du zwischen Nacht und Morgen,
Wählst du zwischen Tod und Leben!

AGNES *(steht auf und sagt langsam:)*
In die Nacht denn. Durch den Tod. -
Fernher dämmert Morgenrot.

Sie folgt Brand *auf seinem Wege.* Ejnar *blickt ihr eine Weile wie verloren nach, dann beugt er das Haupt und geht in der Richtung nach dem äußeren Fjord zu wieder ab.*

Dritter Akt

Drei Jahre später. Ein kleiner, mit Steinen eingezäunter Garten am Pfarrhof, am Fuß einer hohen Bergwand. Der Fjord liegt eng und eingeschlossen im Hintergrund. Die Haustür geht in den Garten. Nachmittag.

Brand *steht auf der Treppe vor dem Hause.* Agnes *sitzt auf der Stufe darunter.*

AGNES.
Geliebter Mann, - die Stirne kraus,
So spähst du Tag um Tag nun aus -!

BRAND.
Ich wart' auf Botschaft.

AGNES. Du bist bang!

BRAND.
Ich wart' auf Botschaft von Zuhaus.
Ich warte nun drei Jahre lang
Auf diesen Tag, der niemals tagt.
Und morgen, ward mir angesagt,
Ist es vielleicht um sie geschehen.

AGNES *(sanft und zärtlich.)*
Du solltest *ohne* Botschaft gehen.

BRAND *(schüttelt den Kopf.)*
Bereut sie selbst nicht ihr Gebrest,
So bleib' auch ich im Schweigen fest.

AGNES.
's ist deine Mutter.

BRAND. Hab' ich Recht
Zu Götzendienst, weil's *mein* Geschlecht?

AGNES.
Brand, du bist hart!

BRAND. Zu dir?

AGNES. Oh, nein!

BRAND.
Ich warnte dich, mein Freund zu sein.

AGNES *(lächelt.)*
Du sahst zu schwarz; du hieltst nicht Wort!

BRAND.
Oh doch; dies ist für dich kein Ort.
Dein Aussehn ist nicht guter Art;
Für so viel Frost bist du zu zart.
Um unser Haus hat nichts Bestand
Als Firn und Fels und Schutt und Sand.

AGNES.
Doch um so sichrer lugt's empor.
So weit schob sich der Gletscher vor,
Dass, wenn der Lenz ihn talwärts führt,
So überschreitet uns der Schwall,
Und unser Haus steht unberührt
Wie unter einem Wasserfall.

BRAND.
Und keine Sonne weit und breit.

AGNES.
Sie bringt doch so voll Zärtlichkeit
Dem Berg da drüben ihren Gruß.

BRAND.
Drei Wochen, ja, - zur Sommerszeit, -
Doch nie erreicht sie seinen Fuß.

AGNES *(blickt ihn aufmerksam an, steht auf und sagt:)*
's ist etwas, das dich bangen macht!

BRAND.
Nein, *dich*!

AGNES. Nein, dich!

BRAND. Du schnürst dich zu,
Du hehlst mir etwas!

AGNES. Brand, auch du!

BRAND.
Dir schwindelt wie vor Abgrundsnacht!
Was ist's?

AGNES. Was eben Sorgen sind - -

BRAND.
Du sorgst! Um wen?

AGNES. Um unser Kind.

BRAND.
Um Alf?

AGNES. Du auch!

BRAND. Ja, dann und wann!
Doch nein, das tut uns Gott nicht an.
Gott ist ja gut! Mein Jungchen macht
Sich noch heraus - und wie! Gib acht!
Wo ist er jetzt?

AGNES. Er schläft.

BRAND *(sieht durch die Tür hinein.)*
Sieh her!
Er träumt von keiner Erdbeschwer.
Die kleine Hand ist drall und rund -

AGNES.
Doch bleich.

BRAND. Das wird sich wieder fügen.

AGNES.
Wie süß er schläft, mit tiefen Zügen!

BRAND.
Gott segne dich; schlaf dich gesund!
(Schließt die Tür.)
Mit dir und ihm sank Fried' und Licht
Auf meines Tagwerks strenge Pflicht;
Der Taten Last, der Sorgen Ring
Ward zwischen euch ein leichtes Ding;
Dir dank' ich's, wenn mein Fuß nie fiel,
Und Trost ward mir sein kindlich Spiel.
Erst sah ich mich als Märtyrer; -
Doch sieh, wie milde hat der Herr
Mein ganzes Los in Glück verkehrt -

AGNES.
Ja, doch du bist des Glücks auch wert.
Oh Brand, hast du gekämpft, entsagt, -

Gedarbt, geduldet, dich zerplagt; -
Ich weiß, still hast du Blut geweint -

BRAND.
Ich trug es leicht, mit euch vereint.
Mit dir zog hier die Liebe ein
Wie lichter Frühlingssonnenschein.
Ich hatt' ja nie um sie gewusst;
Kalt war's an Vaters, Mutters Brust;
Und wenn einmal ein Funke glomm,
So fand er frostigen Willkomm.
Es ist, als hätt' die ganze Glut
Nur darum all die Zeit geruht,
Zwiefache Glorie nun um ihn
Und dich, mein süßes Weib, zu ziehn!

AGNES.
Nicht nur um uns! Wer immer jetzt
Den Fuß auf deine Schwelle setzt,
Wer ratlos, wer kopfhängerisch,
Wer leidvoll, streitvoll, schwank und krank,
Sie finden alle Speis' und Trank
An deines Herzens reichem Tisch.

BRAND.
Allein durch duch. Durch duch erst fand
Mein Herz der Güte himmlisch Land.
Kein Mensch kann *alle* Menschen lieben,
Eh' er nicht *einen* liebte. Ich
Ward früh in Einsamkeit getrieben, -
So härtete mein Herze sich -

AGNES.
Und doch, - dein Lieben *ist* nicht weich;
Und wenn du streichelst, wird's ein Streich.

BRAND.
Bei dir auch?

AGNES. Nein! Wie könnt' *ich* klagen!
Mir gabst du, Lieber, leicht zu tragen; -
Doch mancher lässt dich angesichts
Der Fordrung: Alles oder nichts!

BRAND.
Was rings die Welt als Lieb' anspricht,
Das will ich nicht und kenn' ich nicht.
Mir strahlt der Gottesliebe Bild,
Und die ist weder sanft noch mild;
Die macht kein Todesgrausen weich,
Und wenn sie streichelt, wird's ein Streich.
Was tat Gott in der Ölbergstunde,
Da ihn der Sohn, verzweifelnd schier,
Anflehte: Nimm den Kelch von mir!
Nahm er dem Sohn den Kelch vom Munde?
Nein, leeren musst' er 'n bis zum Grunde.

AGNES.
Oh, üb' solch strenges Richteramt,
So ist die ganze Welt verdammt.

BRAND.
Wer weiß, wen einst Verdammnis trifft?!
Doch steht in ewiger Flammenschrift:
Nur dem, der treu, wird Licht zum Lohne,
Kein Feilschen schafft des Lebens Krone!
Du darfst der Prüfung Feu'r nicht fliehen,
Denk nicht, dass du's mit Angstschweiß stillst.
Dass du nicht *kannst*, wird dir verziehen,
Doch nimmermehr, dass du nicht *willst*.

AGNES.
Ja, ja, lass alles andre schweigen!

Oh, hilf mir, hilf mir mit dir steigen;
Lehr' mich dein hehres Aufwärtswallen;
Mein zager Mut will oft nicht mit;
Oft schlägt mich Angst, mich bangt zu fallen,
Und müd' und erdschwer schleppt mein Schritt.

BRAND.
Den Wahlspruch, Agnes, nie vergiss:
Nur keinen feigen Kompromiss!
Verurteilt ist all Handeln dein,
Wenn du es halb übst und zum Schein.
Das soll man zum Gesetz erheben,
Durch Worte nicht, doch durch sein Leben.

AGNES *(wirft sich an seine Brust.)*
Wo du gehst, folg' auch *mein* Fuß schwach!

BRAND.
Für zwei ist kein Geschröff zu jach.

Der Doktor *ist den Weg herabgekommen und bleibt vor dem Zaun außen stehen.*

DER DOKTOR.
Ei, schnäbeln sich verliebte Tauben
In diesen grauen Felsenlauben!

AGNES.
Mein altes Doktorchen! Du hier!
Oh, komm doch zu uns!
(Läuft hinab und öffnet die Gartentüre.)

DER DOKTOR. Nicht zu dir!
Du weißt recht gut, was in mir gärt.
An solcher Stätt' zu hausen, Kind,
Wo Firnenhauch und Winterwind
Eiskalt durch Leib und Seele fährt!

BRAND.
Nicht durch die Seele.

DER DOKTOR. Nicht? Nein, nein!
Es wirft ja wirklich fast den Schein,
Als ständ' der jähgeschlossne Bund
Trotzdem auf festem, sicherm Grund,
Wiewohl 's nach alter Rede heißt,
Dass, was gebaut in hastiger Stund',
Auch von Bestand sich kurz erweist.

AGNES.
Ein Sonnenkuss, ein Glockenschlag
Weckt oft zu einem Sommertag.

DER DOKTOR.
Lebt wohl für heut! Mich ruft die Pflicht.

BRAND.
Zu meiner Mutter?

DER DOKTOR. Gehn Sie mit?

BRAND.
Nicht jetzt.

DER DOKTOR.
Sie *waren* schon?

BRAND. Noch nicht.

DER DOKTOR.
Pfarr, Sie sind hart. Ich schund und stritt
Mich hier durch Wind und Wetter lang,
Wiewohl ich weiß, es ist ein Gang
Um Armesündergroschenklang.

BRAND.
Gott segn' Ihr Wirken immerdar!
Und machen Sie's ihr leicht, nicht wahr!

DER DOKTOR.
Den Willen segn' er nur; ich kam,
So oft mich Not in Anspruch nahm.

BRAND.
Nach Ihnen sandte sie. Und ich, -
Ich warte, warte bitterlich.

DER DOKTOR.
Was warten Sie?

BRAND. Eh' sie nicht sendet,
Ist jedes Wort an ihr verschwendet.

DER DOKTOR *(zu Agnes.)*
Du armes Weibchen, Tag und Nacht
In solcher harten Hände Macht!

BRAND.
Ich *bin* nicht hart.

AGNES. Er gäb' sein Blut,
Macht's ihrer Seel' Verfehlung gut.

BRAND.
Freiwillig nahm ich, als ihr Erbe,
Ihr Schuldnerbuch auf meine Kerbe.

DER DOKTOR.
Genug an Ihrem!

BRAND. Vieler Schuld
Sühnt *Eines* Arbeit und Geduld.

DER DOKTOR.
Nicht eines, der selbst, arm und nackt,
Mit Schuld und aber Schuld bepackt.

BRAND.
Gleichviel; ich *will*, aus ganzem Sinn, -
Und dieses eine *will* reicht hin.

DER DOKTOR *(sieht ihn starr an.)*
Ja, deines Willens quantum satis
Steht, reich gebucht, an seiner Statt;
Doch, Pfarr, dein conto caritatis,
Das ist ein weiß, jungfräulich Blatt.
(Ab.)

BRAND *(folgt ihm eine Weile mit den Augen.)*
Kein Wort ward so voll Lug und List,
Wie's heut das Wörtlein Liebe ist.
Damit verhüllt man satansklug
Sein's Willens Schwachheit und Betrug;
Damit wird Schweigen drum gespult,
Dass man sein Lebtag spielt und buhlt.
Der Berg wird steil, der Atem knapp, -
Die Liebe kürzt den Weg dir ab!
Du folgst der Sünder breiten Reihn, -
Die Liebe wird dir einst verzeihn;
Du schaust dein Ziel, doch tatenlos, -
Die Liebe wirft dir's in den Schoß;
Du wählst bewusst statt grade krumm, -
Die Liebe macht den Richter stumm!

AGNES.
Ja, das ist falsch, und doch, oft fass'
Ich's kaum und frag' mich: *Ist* es das?

BRAND.
Eins fehlt! Erst *Wille*, ernst und echt,
Löscht des Gesetzes Durst nach Recht.
Erst musst du *wollen*, und nicht nur
Des Möglichen gemeine Spur,
Nicht nur die Summe von Beschwerd'
Und Müh', die eine Tat begehrt;
Nein, wollen muss dein fröhlicher Mut
Durch aller Schrecken Flut und Glut.
Das ist kein Märtyrtum, in Wehn
Am Pfahl des Kreuzes zu vergehn; -
Zu *wollen* diesen Kreuzestod,
Zu *wollen* diese Fleischesnot,
Zu *wollen* diese Seelenqual, -
Erst *das* stellt dich zur Königswahl.

AGNES *(schmiegt sich dicht an ihn an.)*
Fällt uns einst unsre Prüfung zu,
Mein Herr und Hort, dann rede du!

BRAND.
Gewann der Wille *solchen* Streit,
Dann kommt der Liebe lichte Zeit
Wie eine Taube und verleiht
Des Lebens Ölblatt dir als Pass;
Doch *diesem* Volk hier, schlaff und lass,
Gebührt als beste Liebe Hass!
(Erschrocken.)
Hass! - Weltenkrieg im Schoß zu tragen
Dies Wörtlein, wie ein Hauch zu sagen!
(Eilig ab ins Haus.)

AGNES *(blickt durch die offene Tür.)*
Er ist bei Alfchen hingekniet
Und wiegt das Haupt, als weinet' er,
Und presst es auf sein Bett, wie wer,
Der nicht mehr Hilf' noch Ausweg sieht.

Oh, welch ein Born von Liebe bricht
Aus dieser Mannesbrust von Erz!
Alf darf er lieben; dessen Herz
Verdarb der Sünde Biss noch nicht.
(Entsetzt ausbrechend.)
Aufspringt er, - ringt die Hände, - weh
Was sieht er? Er ist bleich wie Schnee!

BRAND *(außen auf der Treppe.)*
Kein Bote noch?

AGNES. Nein, keiner noch.

BRAND *(blickt ins Haus zurück.)*
Das ist ein Fiebern und Gepoch'
Im Herzchen unsres kleinen Kranken -!
Nur ruhig, Kind!

AGNES. Was für Gedanken -!

BRAND.
Nein, sei nur ruhig -
(Ruft nach dem Weg hinaus.)
Da! Der Bote!

EIN MANN *(durch die Gartenpforte.)*
Jetzt sollst Du kommen, Herr!

BRAND. Sofort!
Was sagte sie?

DER MANN. Ein dunkel Wort;
Im Bett auf saß die halb schon Tote
Und sagte: Hol' ihn, 's geht zu End';
Mein halbes Gut fürs Sakrament.

BRAND *(weicht zurück.)*
Das *Halbe*! Nein! Sag' nein!

DER MANN *(schüttelt den Kopf.)*
Da wär'
Mein Wahrheitsreden nicht weit her.

BRAND.
Das *Halbe*?! *Alles* war gemeint!

DER MANN.
Kann sein; gesagt war halb, nicht mehr.
Mein Kopf ist gut, das weiß mein Feind.

BRAND *(ergreift ihn am Arm.)*
Du zeugst mir einst vor Gottes Thron,
Dass *dies* Wort ihrem Mund entflohn?

DER MANN.
Ja.

BRAND *(fest.)*
Sag', dass ich die Antwort send':
Kein Priester kommt, kein Sakrament.

DER MANN *(sieht ihn unsicher an.)*
Da hast du wohl nicht recht gehört,
Wer dich in seiner Not beschwört -

BRAND.
Ich kenne kein gezweiteilt Recht
Für fremd Geschlecht und mein Geschlecht.

DER MANN.
Hart Wort!

BRAND. Es gilt hier, angesichts
Des Todes, *alles* oder *nichts*.

DER MANN.
Pfarrer!

BRAND. Das kleinste Stäubchen Gold
Ist noch ein Klumpen Götzensold.

DER MANN.
Ich werd' der Antwort Geißelschlag
So lind führ'n, als ich's nur vermag.
Ihr bringt wohl eins noch Trost und Ruh':
Gott ist nicht ganz so hart wie du!
(Ab.)

BRAND.
Ja, dieses Trosts verjauchter Krug
Vergab's der Menschheit oft genug.
Gegrein' und Schrein zur rechten Stund'
Verschmiert dem Richter leicht den Mund.
Ei, freilich! Das gehört sich so!
Man glaubt ja viel zu felsenfest,
Dass irgendwie und irgendwo
Der Alte mit sich handeln lässt.

Der Mann *hat außen auf dem Wege einen anderen getroffen; sie kommen beide zusammen zurück.*

BRAND.
Von neuem Botschaft?

ERSTER MANN. Ja.

BRAND. Ihr Sinn?

DER ZWEITE.
Neun Zehntel gibt sie willig hin.

BRAND.
Nicht *alles*?

DER ZWEITE. Nein.

BRAND. Mein Wort ihr kennt:
Kein Priester kommt, kein Sakrament.

ZWEITER MANN.
Sie hat zuletzt viel durchgemacht -

ERSTER.
Sie hat dich doch zur Welt gebracht!

BRAND *(ringt die Hände.)*
Mir ziemt nicht zweierlei Art Recht
Für Fremde und für mein Geschlecht.

ZWEITER MANN.
Der Kranken Qual wächst fort und fort, -
Send' wenigstens ein sühnend Wort!

BRAND *(zum ersten Mann.)*
Geht; bringt der Kranken mein Gebot:
Tisch rein für Gnadenwein und -brot!

Die Männer *ab.*

AGNES *(schmiegt sich an ihn.)*
Oft fürcht' ich, Brand, für deinen Stern:
Du flammest wie ein Schwert des Herrn!

BRAND *(mit Tränen in der Stimme.)*
Stellt nicht die Welt ohn' Ende sich
Entblößten Eisens wider mich?
Quält nicht die Welt mich bis aufs Blut
Mit ihrer Trägheit dumpfer Wut?

AGNES.
Steil ist der Weg, den du ihr sannst.

BRAND.
Zeig' einen bessern, wenn du kannst.

AGNES.
Leg' solch ein Maß, an wen's auch ist,
Und sieh, ob's auch nur einer misst.

BRAND.
Nein, da hast du zum Grausen recht.
So quer, so leer, so flach, so schlecht
Ist diese ganze Zeit geworden.
Schenkt einer heut durch Testament,
Ohn' dass er seinen Namen nennt,
Gleich rückt er in der Heiligen Orden.
Nimm einem Helden seinen Ruf,
Und lass ihm das nur, was er schuf;
Tu Kaisern, Königen Gleiches an, -
Und sieh, was noch getan wird dann!
Lass einen Dichter es bewenden,
Die Nestbrut heimlich auszusenden,
Dass keiner ahnt, dass *sein* Genie
Ihr Stimm' und Goldgefieder lieh!
Fass' grünen oder dürren Ast:
Hingebung ist kein Menschengast.
Breit herrscht der Weltsucht Knechtsgedanke;
Wild klammert sich an Abgrunds Rand
Der Mensch an seines Staubseins Ranke, -

Und reißt *die*, - krallt er gier die Hand
Noch krampfhaft in Geröll und Sand.

AGNES.
Und hört dein: Alles oder nichts!
Wie eine Windsbraut des Gerichts.

BRAND.
Kein Sieg wird ohne Kampf dein eigen;
Wer tief gefallen, muss hoch steigen. -
(Er schweigt eine Weile; seine Stimme verändert sich.)
Und doch, an manchem Totenbett,
Wenn sie für ihre Sünden büßten,
War mir, ich trieb' in Meereswüsten
Auf eines Wracks sturmirrem Brett.
Stumm schluchzend biss ich oft genug
Die Zunge, die sich nie erbarmt, -
Und manchen, den ich grausam schlug, -
Wie lieber hätt' ich ihn umarmt! -

Sieh, Agnes, nach dem kleinen Bleichen;
Sing' ihn in lichte Träume ein;
Ein Kinderherz ist klar und rein,
Als wie ein See in Sonnenschein;
Ein Mutterwunsch kann drüberstreichen,
Dem Vogel gleich, der sein Gebiet,
Lautlos gespiegelt, überzieht.

AGNES *(bleich.)*
Was ist's, dass, wie der Pfeil auch fliegt,
Er stets zu Alf zurücke biegt?

BRAND.
Oh, nichts. Wart' es nur treu, das Kind.

AGNES.
Gib mir ein Wort mit.

BRAND. Stark?

AGNES. Und lind.

BRAND *(umarmt sie.)*
Wer schuldlos ist, leb' ohne Bangen!

AGNES *(blickt ihn hell an und sagt:)*
Eins gibt's, - das darf Gott nicht verlangen!
(Ins Haus ab.)

BRAND *(sieht still vor sich hin.)*
Dass er es dennoch dürfte, lehrt,
Was er von Abraham begehrt.
(Schüttelt die Gedanken ab.)
Nein, nein; mein Opfer ist gebracht.
Wie Gottes Donner hinzurollen,
Der Erde Schläfer aufzugrollen, -
Der Lebenstraum versank in Nacht.
Wie! Eines *Opfers* rühm' ich mich?
Ach, jenes Opfers Ruhm erblich,
Als Agnes mich erwachen machte -
Und sich *mit* mir zum Opfer brachte.
(Sieht den Weg entlang.)
Was ist die Kranke doch zu Haus
In ihrem Geize trotzig zäh;
Was rauft sie dies Geschwür nicht jäh
Mit Schoß und Stamm und Wurzel aus! -
Sieh da -! Nein, nur der Vogt ist's - und
Wie immer rührig, rund, gesund,
Die Händ' gesteckt in beide Taschen,
Wie Klammern um 'ne Parenthes' -

DER VOGT *(durch die Gartenpforte.)*
Schön guten Tag! Wir überraschen
Vielleicht nicht ganz dem Wunsch gemäß -

BRAND *(weist nach dem Hause.)*
Ich bitte -

DER VOGT. Danke; 's tut's auch hier.
Erhält mein *Wort* nur Einlass, bin
Ich sicher, Ihnen bringt, wie mir,
Die Unterredung nur Gewinn.

BRAND.
Was führt Sie her?

DER VOGT. Vernahm ich recht,
So steht's mit Ihrer Mutter schlecht; -
Das tut mir leid.

BRAND. Ich zweifle nicht.

DER VOGT.
Das tut mir *sehr* leid.

BRAND. Nun, und da - ?

DER VOGT.
Jedoch, sie ist wohl alt; - Gott, ja,
Das Sterben ist nun einmal Pflicht.
Und da ich just vorüberstrich,
So dacht' ich: Jetzt ermannst du dich
Und sprichst mal vor; auch um zu fragen,
Ob's wahr ist, was die Leute sagen,
Dass zwischen Ihnen seit der Zeit,
Dass Sie hier sind, Familienstreit -

BRAND.
Familienstreit?

DER VOGT. Es heißt, sie hält
Mit aller Macht an ihrem Geld.
Da gab's wahrscheinlich denn Verdruss.
Man sieht doch selbst auch auf Erwerb.
Sie hat von Ihres Vaters Erb'
Den ungeteilten Vollgenuss -

BRAND.
Den ungeteilten -; nur zu wahr!

DER VOGT.
Da fährt man sich gar leicht ins Haar.
Und da ich mir nun denn gedacht,
Dass Sie dem weiteren Geschehn
Mit kühlem Blut entgegensehn,
So sind Sie wohl nicht aufgebracht, -
Ist auch der Zeitpunkt schlecht gewählt, -
Und hören mich.

BRAND. Ob jetzt ob dann,
Drauf kommt's für mich wohl wenig an.

DER VOGT.
Ja, denn zur Sache, kurz und gut.
Sowie die Frau sich ausgequält
Und selig unterm Rasen ruht, -
Was bald geschehn wird, - sind Sie reich -

BRAND.
Sie glauben -?

DER VOGT. Da ist nichts zu glauben.
Sie übersehn Ihr Land nicht gleich,
So scharf Sie auch den Kieker schrauben.
Sie werden reich!

BRAND. Trotz des Gerichts?

DER VOGT *(lächelt.)*
Was soll *das* hier? Das sorgt Sie nichts,
Da niemand Streit und Einwürf' macht.
Hier kommt kein Dritter in Betracht.

BRAND.
Und wollte doch nun irgendein
Miterb' ihr Gut sich zuerkennen -
Und *sich* den rechten Erben nennen?

DER VOGT.
Das müsst' der Teufel selber sein!
Ja, sehn Sie mich nur an; - nicht einer
Spricht außer mir ein Wort hier drein;
Vertraun Sie mir; ich weiß Bescheid.
Nun also: Gutgestellt, wie keiner
Am Ort hier, reich sogar, so können
Sie sich nun bessre Tage gönnen;
Frei lacht die Welt nun weit und breit.

BRAND.
Wie? Heißt das nicht mit einem Wort:
Wir brauchen dich nicht mehr; zieh fort!?

DER VOGT.
Ich glaub', 's wär' allen nur zum Segen.
Stehn Sie, - wenn Sie die insgesamt
Betrachten, denen hier Ihr Amt
Gebeut die Bibel auszulegen, -
Nicht wie ein Wolf da, - derb verglichen, -
Vor Gänsen und vor Gänserichen?
Ihr Geist bleibt diesem engbemessnen
Bezirk ein unverstanden Buch;
Sie werden diesen eingesessnen
Bergbauern, diesen weltvergessnen
Fjordfischern oft ein wahrer Fluch.

BRAND.
Sein Heimatsort ist einem Mann,
Was einem Baum sein Wurzelgrund; -
Wenn man ihn *da* nicht brauchen kann,
Verstummt sein Mund, verfällt sein Pfund.

DER VOGT.
Das ist das fürnehmste Gebot:
Sich dem, was nottut, anzupassen.

BRAND.
Doch wird vom Tal sich das, was not,
Nicht wie vom Berg aus schätzen lassen.

DER VOGT.
So reden die im Lande draußen,
Nicht die in armen Tälern hausen.

BRAND.
Oh, ihr mit eurem Unterschied
Von Tiefland und Gebirg'! Ihr zieht
Die Rechte vor, die jenem gelten,
Doch seine Pflichten übt ihr selten.
Euch dünkt's genug, wenn ihr nur schreit,
Dass ihr geringe Leute seid.

DER VOGT.
Jedwede Generation,
Jedwede Zeit geht ihre Gasse.
Wir brachten unser Scherflein schon
Der Weltgeschichte großer Kasse;
Versteht sich, anno dazumalen;
Doch war es drum kein schlechter Zahlen.
Jetzt kommt der Ort nicht mehr in Frage,
Doch seinen Ruf bewahrt die Sage;
Es zählen seine großen Tage
In König Beles Kriegsannalen.

Da dringt noch Etzliches zu Ohr
Vom Brüderpaare Wulf und Thor
Nebst manchem wackren Häuflein, das
Nach Brettlands Küste fuhr und bass
Brandschatzend Land und Leute schor.
Im Süden schrie man schreckensbleich:
Gott schütz' uns vor der Eber Streich!
Und diese Eber, des sind wir
Gewiss, die waren Volk von hier.
Und konnten sich die Kerle rächen!
Da schwamm's von Blut- und Feuerbächen!
Ja, einer, Türkenmacht zu schwächen,
Nahm selbst das Kreuz, dem Herrn zulieb; -
Wenn auch der Zug selbst unterblieb -

BRAND.
Es stammt gewiss ein breit Geschlecht
Von diesem Helden ab?

DER VOGT. Ganz recht:
Doch woher wissen Sie -?

BRAND. Oh, weil
So viele, dünkt mich, heut ihr Heil
In einem Kreuzzug solcher Wahl
Versuchen, wie der dazumal.

DER VOGT.
Jawohl, es blüht noch weit und breit.
Doch waren wir in Beles Zeit!
Erst also kam das Ausland dran;
Dann fingen wir daheim den Tanz
Mit Nachbarn und Gevattern an,
Einheizten mit der Felder Stroh
So Kirch' wie Haus, uns flechtend so
Aus großen Taten Kranz auf Kranz.
Des Bluts, das wir dabei vergossen,

Ward später leicht zu viel gedacht;
Doch obbemeld'ter Sagenhort
Erlaubt denn doch auf unsre Macht
In jenem Zeitraum, längst verflossen,
Ein ganz bescheiden rühmend Wort,
Sowie den Schluss, dass unser Ort
Zum Fortentwicklungskampf der Welt
Mit Feu'r und Schwert sein Teil gestellt.

BRAND.
Doch scheint dir nicht an dich gerichtet,
Mein Volk, dass Adel auch verpflichtet,
Da du mit Egge, Pflug und Karst
Held Beles Erbe stumm verscharrst.

DER VOGT.
Durchaus nicht. Gehn Sie nur mal hier
Auf eins von den Gemeinde-Essen,
Wo Richter, Küster, Schulz und mir
Die Ehrenplätze zubemessen,
Und sehn Sie, kommen Punsch und Bier,
Ob König Bele wohl vergessen!
Mit Tusch und Sang und Becherklang,
In Reden kurz und Reden lang
Wird sein gedacht, lässt man ihn leben.
Ich hab' oft selber tiefen Drang
Verspürt, ihm aus Gedankenzwirn
Ein blumig Ehrenkleid zu weben,
Und bass erbaut manch Herz und Hirn.
Ich mag gern etwas Poesie.
Das tun im Grund wir alle, die
Wir hier daheim; - wiewohl verhalten; -
Im *Leben* darf sie niemals walten, -
Nur von Glock' sieben bis Glock' zehn
Des Abends, wenn wir müßiggehn,
Und man, vom Tagwerk müd und matt,
Ein Aufschwungsbad von Nöten hat.

Was uns an Ihrem Treiben irrt,
Das ist: Sie woll'n - stirb oder gib! -
So sä'n wie mäh'n auf *einen* Hieb.
Sie trachten, wie die Dinge scheinen,
Idee und Leben zu vereinen, -
Sie woll'n den Täter mit dem Beter
So innig in ein Joch geschirrt,
Dass *eins* draus wird, wie aus Salpeter,
Karbon und Schwefel Pulver wird.

BRAND.
Erraten.

DER VOGT. Doch in dieser Weise
Bewirtschaftet man größre Kreise.
Die werden Ihrem Wunsch genügen,
Uns ziemt nur, Moor und Meer zu pflügen.

BRAND.
Pflügt mir zuvörderst euer leer
Geprahl von Ruhm hinab ins Meer!
Ein Zwerg wächst darum um kein Haar,
Weil Goliath sein Urahn war.

DER VOGT.
Große Erinnerungen stärken.

BRAND.
Ja, - treiben sie zu neuen Werken.
Doch Ihr schuft jenes Säculum
Zu Eures Stumpfsinns Faulbett um.

DER VOGT.
Mein erstes bleibt mein letztes Wort; -
Am besten wär's, Sie zögen fort.
Hier wird Ihr Wirken nur versanden,
Ihr Weltanschauen nicht verstanden.

Das Trösten auf ein besser Morgen,
Den Aufschwung, der von Frist zu Frist
Geplagtem Volk vonnöten ist,
Werd' unverdrossen *ich* besorgen.
In meiner ganzen Laufbahn spricht
Gar viel von wohlerfüllter Pflicht;
Ich hab' des Volkes Zahl verdoppelt,
Verdreifacht schier, zudem zugleich
Bald den, bald jenen Nahrungszweig
An diesen Fjordstrich hier gekoppelt.
Mit trotzender Natur im Kampf
Sind fortgerückt wir wie mit Dampf,
Und Wege ziehn sich, Brücken streben -

BRAND.
Doch nicht vom Glauben hin zum Leben.

DER VOGT.
Vom Fjord bis hoch zum Gletscherschnee.

BRAND.
Nicht zwischen Handlung und Idee.

DER VOGT.
Erst Urbarmachung, Spann' um Spann',
Erst Fortkunft zwischen Mann und Mann, -
Darüber war ein Urteil nur,
Eh' *Ihr* Geist in die Leute fuhr.
Des Grubenlichts gewohnten Schein
Verquickten Sie mit Nordlichtsflammen;
Wen lässt solch Zwielicht da noch scheiden,
Was recht, was falsch, was groß, was klein,
Was Büßen, was unschuldig Leiden?
Jedwed Verhältnis rann zusammen; -
Und die vereinigt siegen sollten,
Stehn in zwei Haufen nun zerscholten.

BRAND.
Sie setzen mich noch lang nicht matt.
Man *wählt* nicht seines Wirkens Statt.
Wem klar sein Ziel in Herz und Sinn,
Ihm strahlt das Wort von Anbeginn:
Gott will es: *Hier* gehörst du hin!

DER VOGT.
So bleibe man, doch in dem Seinigen;
Ich seh' Sie gern die Leute reinigen
Von Sünden, Lastern, als im Schwang;
Des braucht's oft alle Klafter lang.
Bloß nicht gemacht den Werkeltag
Zum Sonntag, - und nicht stets die Flagg'
Gezeigt, als ob jedwedes Brett
Im Fjord an Bord den Herrgott hätt'!

BRAND.
Sollt' ich nach Ihrem Ratschlag handeln,
Ich müsst' mein innerst Wesen wandeln.
Doch das just gilt's: Sich selbst zu leben,
An *sein* Werk ganz sich hinzugeben;
Und dies, mein Werk, ich führ's hinaus,
Dass es soll leuchten um mein Haus!
Das Volk, das Euer Führertrott
Einschläferte, wach' auf zu Gott!
In Eures Engsinns Zwinger schwur
Es ab bald letzte Bergnatur;
Aus Eurer Kleinheit Hungerkur
Hervorgeht jeder stier und stur;
Ihr sogt ihm aus sein bestes Blut,
Ihr grubt ihm 's Mark aus seinem Mut;
Ihr pochtet mürbe jedes Herz,
Und sollte stehn wie gossen Erz; -
Doch noch, - wie lang sein Groll auch schwieg, -
Kann's Euren Ohren donnern: Krieg!

DER VOGT.
Krieg?

BRAND. Krieg!

DER VOGT. Gut; fangen Sie nur an!
Sie fallen als der erste Mann.

BRAND.
Einst wird gewaltig offenbar,
Dass Unterliegen Siegen war!

DER VOGT.
Brand, Brand! Sie stehn an einer Wende;
Wenn Sie der Einsatz nur nicht reut!

BRAND.
Ich wag' ihn.

DER VOGT. Nimmt's ein schlimmes Ende,
So ward Ihr Lebenstag vergeud't.
Sie haben, was das Herz begehrt;
Erbgut wird Ihnen aufgedrängt;
Ein Kind macht Ihnen 's Leben wert,
Ein lieb Gemahl; - das Glück, es hängt
Vor Ihnen wie die reife Beere!

BRAND.
Und wenn ich dennoch diesem Glück,
Wie Sie's verstehn, den Rücken kehre?
Falls ich es muss?

DER VOGT. Vergeben Stück,
Entroll'n Sie der Fernabwelt hier
Ihr volkskriegweckendes Panier!
Ziehn Sie zum Süden, zu Gestaden,
Wo kühne Köpfe mehr in Gnaden;

Dort sammeln Sie die Starkgemuten
Und lassen die Gemeinde bluten;
Hier opfern wir nicht Blut, - nur Schweiß,
Im Kampf um Brot mit Stein und Eis.

BRAND.
Hier bleib' ich doch. Hier ist mein Herd.
Und wo mein Herd ist, liegt mein Schwert.

DER VOGT.
Sie wissen, was Sie als Nicht-Sieger
Verlieren - und nie mehr erreichen!

BRAND.
Mich selbst verlör' ich, wollt' ich weichen.

DER VOGT.
Brand, fruchtlos kämpft ein einsamer Krieger.

BRAND.
Die *Besten* soll'n mir Folgschaft leisten.

DER VOGT *(lächelt.)*
Mag sein, mag sein, - doch mir die *meisten.*
(Ab.)

BRAND *(sieht ihm nach.)*
Ein Vollblut-Volksmann! Reger Hand,
Rechtschaffen denkend, warm und billig,
In seiner Weise fortschrittswillig,
Und eine Geißel doch fürs Land.
Nicht Bergrutsch, Dammbruch, Winters Ost,
Nicht Hungersnot, nicht Pest, nicht Frost
Verschulden halb die Niederlag',
Wie solch ein Mann in Jahr und Tag.
Die Landplag' raubt dir nur dein Leben; -
Doch er -! Wie manches frische Streben,

Wie manchen stolzen Traum zertrümmert,
Wie manchen starken Ton verkümmert
Solch ein engbrüstig-heis'rer Geist!
Wie manch von Lächeln hell durchsonnten,
Wie manch von Blitzen schwangren Blick,
Wie manchen Hochflug's Zwiegeschick,
Draus Taten, Werke wachsen konnten, -
Hat er zerbrochen und vereist.
(Plötzlich in Angst.)
Kommt keine, keine Botschaft mehr?
Doch - dort -!
(Eilt dem des Weges kommenden Doktor entgegen.)
Sie hat Sie hergesandt -?

DER DOKTOR.
Sie steht vor ihrem Richter, Brand.

BRAND.
Tot! Doch in Buße?

DER DOKTOR. Glaub' ich kaum:
Ihr zäher Geiz gab ihr nicht Raum,
Bis sie der Tod im Arme hielt.

BRAND *(blickt still erschüttert vor sich hin.)*
Ist eine Seele hier verspielt?

DER DOKTOR.
Vielleicht, dass den gerechten Lohn
Der Richter ihr erlassen will!

BRAND *(leise.)*
Was sagte sie?

DER DOKTOR. Sie raunte still:
Gott ist so hart nicht wie mein Sohn.

BRAND *(sinkt von Schmerz übermannt auf die Bank.)*
In Todesnot, in Sündenfall
Die gleiche Lüg' allüberall!
(Verbirgt das Gesicht in den Händen.)

DER DOKTOR *(tritt näher, betrachtet ihn und schüttelt den Kopf.)*
Sie wollen abgelebten Zeiten
Ein Auferstehungsfest bereiten.
Sie glauben, scheint es, noch zur Stund'
An Gottes und des Menschen Bund.
Doch jede Zeit hat ihre Art;
Die unsre schreckt nicht Höllenfahrt,
Altweiberfurcht, Verdammniswahn -
Ihr erst Gebot ist: Sei human!

BRAND *(blickt auf.)*
Human! Jawohl, dies schlaffe Wort
Kennt heut der Erde letzter Ort!
Mit dem macht jeder Tropf Dich still,
Wenn er nichts schaffen kann und will;
Mit dem schmückt jeder Wicht sich jetzt,
Wenn er nur *Halbes* wagt und setzt:
Von dem beobdacht bricht man heut
Jedwed Gelübd', gleich feig bereut; -
Geht's nach Euch Zwergenseelen, ist
Bald jeder Mensch ein Humanist!
War Gott human zu Jesu Christ?
Hätt's damals *Euer* Gott gelenkt,
Er hätt' ihm wohl sein Kreuz geschenkt -
Und aus dem ganzen Heilswerk sacht
Ein Diplomatenstück gemacht!
(Verbirgt seinen Kopf und sitzt in stummer Trauer.)

DER DOKTOR *(leise.)*
Ras' aus, ras' aus, du Herz im Sturm; -
Am besten wär's, du könntest weinen.

AGNES *(ist auf die Treppe herausgekommen und flüstert bleich und erschrocken dem Doktor zu:)*
Komm schnell! Oh Gott!

DER DOKTOR. So aufgeregt!
Was ist dir, Kind?

AGNES. Ein Sorgenwurm
Hat kalt sich mir ums Herz gelegt -!

DER DOKTOR.
Was ist denn?

AGNES *(zieht ihn mit sich.)*
Komm zu unserm Kleinen!

(Sie treten ins Haus, ohne dass es Brand bemerkt.)

BRAND *(still vor sich hin.)*
Tod ohne Buße. Tod wie Leben.
Ist da nicht Gottes Fingerzeig?
Von mir will er den Zins erheben,
Den sie zu zahlen sich begeben, -
Nun zehnmal weh' mir, wich' ich feig!
(Erhebt sich.)
Ihr Sohn, will ich, auf Heimatsgrund,
Unwandelbar von dieser Stund'
An kriegen, Gottes Kreuzvasall,
Für Geistes Sieg in Fleisches Fall.
Gott gab mir seiner Zunge Erz,
Glomm seine Zornglut mir ins Herz; -
Nun steht mein Wille hoch in Halmen,
Nun darf, nun kann ich Fels zermalmen!

DER DOKTOR, *(begleitet von Agnes, tritt eilig auf die Treppe hinaus und ruft Brand zu:)*
Ihr Haus beschickt und fort von hier!

BRAND.
Und bebte die Erd', ich trotzet' ihr!

DER DOKTOR.
So ist dein Kind des Todes, Mann!

BRAND.
Mein Kind! Mein Alf! Was ficht Sie an!
Sie reden irr!
(Will ins Haus.)

DER DOKTOR *(hält ihn zurück.)*
Nein, bleiben Sie! -
In dieser finstern Felsenkluft
Mit ihrer eisigen Nordpolluft,
Mit ihrem Nebel, nass und schwer,
Nur einen Winter noch, - und nie
Erblickt Ihr Kind die Sonne mehr.
Nur Flucht, Brand, rettet Ihren Sohn, -
Doch bald, am liebsten morgen schon.

BRAND.
Heut Abend, gleich, noch diese Stund'!
Stark werd' er wieder und gesund!
Kein Gletscherhauch, kein Küstenwind
Mach' seine kleine Brust mehr wund.
Wieg' sanft in Schlaf ihn, - und geschwind
Dann fort aus diesem Grabesgrund!
Oh Agnes, Todesnähe spinnt
Ihr graues Garn um unser Kind!

AGNES.
Wohl ahnt' ich zitternd die Gefahr,
Doch nicht, dass sie so nahe war.

BRAND *(zum Doktor.)*
Sie schwören mir, dass Flucht ihn rettet?

DER DOKTOR.
Wen Vaterliebe sorgsam bettet,
So Tag wie Nacht, - er ist gefeit.
Sei'n Sie ihm alles, und die Zeit -
Getrost! - der Heilung ist nicht weit!

BRAND.
Dank! Dank!
(Zu Agnes.)
Einhüll' ihn dicht in Daun;
Den Fjord lang weht schon nächtlich Graun.
(Agnes ins Haus ab.)

DER DOKTOR *(betrachtet schweigend Brand, der unbeweglich durch die Tür hineinblickt, geht darauf zu ihm hin, legt ihm die Hand auf die Schulter und sagt:)*
Wo's andre gilt, so amtsgewichtig, -
Und mit sich selber so nachsichtig!
Viel oder *wenig* zählt bei jenen
Gar nicht, nur *alles* oder *nichts;*
Doch selber weint man Weibertränen,
Gefällt's der Fordrung des Verzichts -
Sich auf uns selber auszudehnen.

BRAND.
Was meinen Sie?

DER DOKTOR. Der Mutter dort
Scholl des Gesetzes steinhart Wort:
Verdammt! Legst du nicht alles ab
Und schreitest nackend in dein Grab!
Und dieser Ruf scholl oft genug,
Wo bang ein Herz und angstvoll schlug.
Jetzt treibt man selbst in Schiffbruchsnot
Auf schicksalssturm-verschlagnem Boot,
Jetzt ist auf umgekehrtem Kiel
Ein Schuldbrief plötzlich Last zu viel; -

Und jenes Buch, das zentnerschwer
Die Brüder schlug, rutscht flugs ins Meer; -
Sonst wär's am End' im bösen Wehn
Ums eigne liebe Kind geschehn.
Geflohn aus dieser Sturmregion!
Der Mutter Leiche selbst geflohn!
Geflohn Bestimmung, Seelsorg', Haus!
Jetzt setzt der Pfarr die Predigt aus!

BRAND *(greift sich verzweifelt an den Kopf, wie um seine Gedanken zu sammeln.)*
Bin jetzt ich blind? War ich's zuvor?

DER DOKTOR.
Sie lieh'n dem Vater in sich Ohr.
Ich schelt' mitnichten, was Sie tun; -
Für mich rückt der Gebrochne nun
Weit über den Titan empor. -
Ade! Nun bot ich Ihrer Seele
Den Spiegel. Sehn Sie seufzend draus:
So sieht ein Himmelsstürmer aus!
(Ab.)

BRAND *(starrt eine Weile vor sich hin; plötzlich mit Leidenschaft:)*
Jetzt oder einst, - wann griff ich fehle?

Agnes *tritt aus der Türe, den Mantel über den Schultern und das Kind auf dem Arm;* Brand *sieht sie nicht. Sie will reden, aber das Wort bleibt ihr erschrocken in der Kehle stecken, da sie den Ausdruck seiner Züge bemerkt. In demselben Augenblick kommt* ein Mann *eilig durch die Gartentür herein. Die Sonne geht unter.*

DER MANN.
Hör', Pfarr, du hast hier einen Feind!

BRAND *(presst die Hand gegen die Brust.)*
Ja, *hier.*

DER MANN. Nimm dich vorm Vogt in acht!
Du hattest viel' um dich vereint,
Bis sein Gered' uns irr gemacht.
Verleumd'risch trug er hin und her,
Der Pfarrhof ständ' in kurzem leer,
Und du, du kehrtest uns den Rücken,
Nun deine reiche Mutter tot.

BRAND.
Und wär's nun so - ?

DER MANN. Nein, seiner Tücken
Ursach' errät sich ohne Not.
Stehst wider ihn und seinen Bund,
Hast ihm den Nacken nie gebogen -:
Das ist der Nachred' wahrer Grund.

BRAND *(unsicher.)*
Er tat Euch wohl - die Wahrheit kund.

DER MANN.
So hättst du allzumal belogen!

BRAND.
Hätt' ich - ?

DER MANN. Wie oft hast du erzählt,
Dass Gott selbst dich zum Streit erwählt;
Dass unter uns die Heimat dein,
Dass *hier* dein heil'ger Krieg soll sein,
Dass jeder, der Berufung treu,
Der Flucht Schand' mehr als alles scheu'!
Und du, du *bist* berufen! Tiefst
Nährt mancher, was du mahnend riefst.

BRAND.
Das Ohr der Menge hier ist taub;
An dürrem Holze grünt kein Laub.

DER MANN.
Das weißt du besser; - manch ein Herz
Blüht nun voll Hoffnung himmelwärts.

BRAND.
In zehnmal mehren herrscht doch Nacht.

DER MANN.
Du bist wie Licht, das helle macht.
Doch wie's auch mit der Menge steh', -
Aufs Zählen kommt hier wenig an;
Denn hier steh' ich, der eine Mann,
Und sage: Wenn du kannst, so geh!
Zwar Bücherwissen hab' ich keines,
Doch ist mein Herz so voll wie eines;
Du gabst mir deine Hand zu fassen, -
Du darfst mich jetzt nicht fallen lassen!
Du kannst es nicht; ich halte fest;
Versagtest du, so wär's mein Rest! -
Leb' wohl! Du wirst mir nicht zu Spott.
Mein Pfarr verlässt nicht mich noch Gott.
(Ab.)

AGNES *(schüchtern.)*
Weiß ist dein Antlitz, bleich dein Mund,
Als schrie' Dein Herz im tiefsten Grund.

BRAND.
Jed' klangvoll Wort, das ich hier sprach,-
Die Bergwand hallt's anklagend nach.

AGNES *(macht einen Schritt vorwärts.)*
Ich bin bereit!

BRAND. Bereit? Wozu?

AGNES *(kraftvoll.)*
Zu tun, was eine Mutter tu'!

Gerd *läuft draußen auf dem Wege vorüber und macht an der Gartentür halt.*

GERD *(klatscht in die Hände und ruft mit irrer Freude:)*
Hörtet Ihr's? Fort flog der Pfarrer! -
Tief vom Hügel, hoch vom Berg
Wimmeln Troll und Draug und Zwerg,
Schwarz und wüst und groß und klein, -
Hu, wie hieb die Bande drein! -
Haben mir mit wilden Bissen
Aug' und Herz halb ausgerissen!
Pah, ihr plumpen Menschennarrer, -
Gerd kann gern die Hälfte missen!

BRAND.
Kind, was reimst und träumst du da!
Steh' ich denn nicht vor dir?

GERD. Ja -
Du! Du wohl, doch nicht der Pfarrer!
Jäh herab vom Schwarzen Horn
Schoß mein Habicht. Wild von Sporn,
Zaum und Sattelzeug durchschnitt
Er den Dust, der Nachtdurchstarrer,
Und der Mann, der auf ihm ritt, -
Sieh, das war, das war der Pfarrer!
Leer steht jetzt der Dorfkirch' Raum,
Vorgelegt ist Schloss und Baum;
Ihre Zeit wird nimmer kehren;
Jetzt kommt *meine* Kirch' zu Ehren,
Wo *mein* Pfarrer Predigt hält,
Hoch im weißen Messgewand,

Wie's ihm webte Winters Hand; -
Willst du 'n hör'n, komm hinterher;
Eure Dorfkirch' steht ja leer;
Wenn er seinen Text bestellt,
Schallt es über die ganze Welt!

BRAND.
Wer hieß, Arme, dich, mit irren
Götzenfabeln mich verwirren?

GERD *(kommt durch die Gartentür herein.)*
Was sind das für Narreteiden:
Götzen? Ei, was wird das sein?
Einmal groß und einmal klein,
Immer gülden, bunt und seiden.
Götzen!? Hörst du, siehst du sie?
Regt sich's nicht im Tuche hie
Wie von Kinderhänd' und -beinen?
Diese Windel, fein und seiden, -
Sag', was mag sie wunders kleiden?
Wohl ein Kind in Schlummerruh'?
Da erschrickt sie, - deckt es zu!
Götzen? Mann, *da* siehst du einen!

AGNES *(zu Brand.)*
Hast du Bitten, hast du Tränen?
Mich hat Grausen ausgebrannt.

BRAND.
Weh! Dies Wesen, möcht' ich wähnen,
Hat ein Höherer gesandt!

GERD.
Horch! Jetzt läuten all die Glocken
Droben auf dem wilden Grat!
Sieh, wen sie zum Kirchgang locken,
Welche Spukgemeinde naht!

Tausend Zwerg- und Trollgestalten,
Die der Pfarr ins Meer geknechtet,
Brachen ihrer Grüfte Riegel:
Nimmer lassen sie, geächtet
Unter seines Fluches Siegel,
Sich von See und Sarg mehr halten;
Wimmelnd nahn die nassen, kalten; -
Kinder, scheintot, sieh, mit Greinen
Berglawinenschutt entstreben.
Vater! Mutter! schreit's im Chor;
Männer, Weiber stürzen vor;
Dörfler wandert mit den Seinen,
Wie ein Vater, söhn'-umgeben,
Dörflerin hat ihrem toten
Kind die Mutterbrust geboten;
War sie je so strack zu sehn,
Wann sie musst' zur Kindstauf' gehn?
Da der Pfarr geflohn, ward Leben!

BRAND.
Weich von mir! Fast zeugt die Nacht
Schlimmern Spuk noch -

GERD. Horch! Er lacht,
Er, der längs des Weges sitzt,
Wo er auf zur Höhe flitzt;
Treulich bucht er Seel' um Seele
Aus des Tals verlassner Kehle; -
Hei, er zählt nicht viele Lücken;
Leer ist ja der Dorfkirch' Raum,
Zugesperrt mit Schloss und Baum, -
Fort der Pfarr auf Habichts Rücken!
(Springt über den Gartenzaun und verliert sich in den Felsen. Stille.)

AGNES *(nähert sich Brand und sagt mit gedämpfter Stimme:)*
Es ist Zeit; wir wollen gehn.

BRAND *(starrt sie an.)*
Welchen Weg?
(Zeigt zuerst auf die Gartenpforte, dann auf die Haustür.)
Den? - Oder den?

AGNES *(weicht schaudernd zurück.)*
Brand, - Dein Kind!

BRAND *(folgt ihr.)* Was war ich erst?
Priester oder Vater?

AGNES *(weicht noch weiter zurück.)*
Wärst
Gott du selbst, der also fragt', -
Ließ' ich dies doch ungesagt!

BRAND *(folgt ihr wieder.)*
Sprich als Mutter! Soll ich fort?
Du hast hier das letzte Wort!

AGNES.
Dein Gemahl bin ich; - entscheide!
Dein Gebot gilt für uns beide.

BRAND *(will sie am Arm ergreifen.)*
Nimm den Kelch der Wahl von mir!

AGNES *(weicht hinter den Baum zurück.)*
Hieß' ich dann noch Mutter dir?

BRAND.
Daraus blitzt ein Urteilsstrahl!

AGNES *(stark.)*
Bleibt Dir überhaupt noch Wahl?

BRAND.
Daraus blitzt es abermal!

AGNES.
Fühlst du dich als Auserwählten?

BRAND.
Ja!
(Greift sie fest um die Hand.)
Und nun schenk' mir gestählten
Mutes Leben oder Tod.

AGNES.
Folge deines Gotts Gebot!

(Pause.)

BRAND.
Es ist Zeit; wir wollen gehn.

AGNES *(tonlos.)*
Welchen Weg, Brand?

(Brand schweigt.)

AGNES *(zeigt auf die Gartenpforte und fragt:)*
Den?

BRAND *(zeigt auf die Haustür.)*
Nein, - den!

AGNES *(hebt das Kind auf ihren Armen hoch empor.)*
Gott! Was ich dir hier gegeben,
Darf ich stolz zum Himmel heben!
Schweige nun auch du mir nicht!
(Ab ins Haus.)

BRAND *(starrt eine Weile vor sich hin, bricht in Tränen aus, schlägt die Hände über dem Kopf zusammen, wirft sich nieder auf die Treppe und ruft:)*
Jesus, Jesus, gib mir Licht!

Vierter Akt

Weihnachtsabend im Pfarrhaus. Die Stube liegt in Dunkel. Die Ausgangstür befindet sich in der Hinterwand; ein Fenster auf der einen, eine Tür auf der anderen Seite.

Agnes *steht in Trauerkleidung am Fenster und starrt ins Dunkel hinaus.*

AGNES.
Immer noch nicht! Immer noch nicht!
Oh, wie Stund' um Stunde leer ist!
Und zu sehen, er kommt *doch* nicht,
Wie das Herz auch sehnsuchtsschwer ist!
Sacht fällt Schnee auf Berg und Wald;
Selbst das Kirchlein alt ist bald
Wie mit weißem Lein verhangen - -
(Lauscht.)
Horch! Die Zauntür ist gegangen!
Tritte! Fester Mannesfuß!
(Eilt zur Tür und schließt auf.)
Lieber, Einziger, bist du's?

Brand *tritt ein, beschneit, in Reisetracht, die er während des Folgenden abwirft.*

AGNES *(schlingt die Arme um ihn.)*
Oh, wie lange warst du draußen!
Geh nicht von mir, weich' nicht von mir!
Bin ich einsam, lässt der grausen
Nachtgespenster Reich nicht von mir!
Was sank alles auf uns nieder
Diese Tage, diese Nacht!

BRAND.
Kind, nun hast du mich ja wieder.
(Zündet ein einzelnes Licht an, dass einen schwachen Schimmer über

die Stube wirft.)
Du bist bleich.

AGNES. Und überwacht.
Hab' gesehnt mich all die Stunden, -
Dann ein wenig Grün gebunden, -
Wenig nur! Doch selbst gehegtes,
Noch vom Sommer her gepflegtes,
Längst zum Christbaumputz geweihtes.
Ihm bestimmt hatt' ich den Strauch;
Nun, - als Kranz bekommt er 'n auch!
(Bricht in Tränen aus.)
Gott im Himmel! Und nun schneit es
Auf ihn -

BRAND. - auf dem Kirchhof drüben.

AGNES.
Oh, dies Wort!

BRAND. Du musst dich üben,
Es zu hören.

AGNES. Ja; doch quäle
Mich nicht so; sieh, meiner Seele
Wunde blutet noch zu stark;
Krank ward meines Willens Mark; -
Aber erst aus diesen Tagen,
Will ich nimmer, nimmer klagen,
Soll sich's rasch zum Bessern kehren.

BRAND.
Heißt das Gottes Festtag ehren?

AGNES.
Nein -; doch musst du mir vergeben!
Denk, - noch vorig Jahr welch Leben!

Dann des Fiebers bang Geflacker!
Und jetzt auf dem -
(Schaudert vor dem Wort zurück.)

BRAND *(fest.)* - Totenacker!

AGNES *(schreit auf.)*
Nicht dies Wort!

BRAND. Aus vollen Lungen
Dies Wort, das dich ängstiget!
Dieses just, dass es gesprungen
Kommt, wie Brandung an ein Brett!

AGNES.
Selber zähmst du kaum das Gären,
Das dies Wort in dir entfacht;
Deine Stirne steht in Zähren
Von dem Schweiß, den es dir macht.

BRAND.
Diese Tropfen auf der Stirne
Sind vom Fjord nur salzige Lauge.

AGNES.
Und der Tropfen auch im Auge
Nur geschmolzen Eis vom Firne?
Nein! Der brennt wie rinnend Erz!
Dessen Urquell ist dein Herz.

BRAND.
Agnes, Weib, wir wollen beide
Stark sein, wollen, Eifers voll,
Mit vereinter Kraft dem Leide
Land abringen Zoll um Zoll.
Ha, war ich ein Mann da draußen!
Sturzseen brausten klippenüber,

Schreckstumm schoss die Möve drüber,
Hagelwetter kam uns zausen
Mitten im empört'sten Gischte,
Mast und Tauwerk kracht' und zischte,
's Fock zerriss, doch keiner fischte
Nach den Fetzen, die's verjagte,
Jeder Nagel schrie und klagte; -
Wieder vom Gebirg und wieder
Donnerten Lawinen nieder;
Ratlos saßen die acht bleichen
Rudrer vor mir wie acht Leichen.
Ha, da wuchs ich auf am Steuer,
Meine Worte wurden Feuer, -
Und zu meinem schweren Werke,
Fühlt' ich, lieh Gott selbst mir Stärke.

AGNES.
Leicht, zu trotzen Sturmeswehn!
Leicht, Gefahren zu bestehn!
Aber sieh mich an: Ich sitze
Hier in dieser Felsenritze,
Wo mir nichts den toten Frieden
Meiner Sperlingssorgen nimmt;
Sieh mich, die, weltabgeschieden,
Nicht der Taten Feu'r durchglimmt;
Sieh mich an, der Gott hienieden
Wenig nur zu tun bestimmt!
Hätt'st du hier gleich mir gesessen,
Sprächst du nimmer von Vergessen!

BRAND.
Dir, dir läg' nichts ob, zu tun?
Niemals Größeres denn nun!
Hör', vielleicht wird dir für deinen
Schmerz aus meinem ein Gewinn.
Oft wird mir das Aug' voll Weinen,
Still der Geist und weich der Sinn; -

Als ob Gott ein Glück dem gönnte,
Der recht weinen, weinen könnte.
Da wird Gott mir offenbar,
Denk dir, Kind, wenn ich so weine, -
Offenbar wie nimmerdar,
Klar, dass ich ihn vor mir meine.
Oh, mich dann an seiner warmen
Brust von allem zu befrein
Und von seinen Vaterarmen
Ewiglich umfasst zu sein!

AGNES.
Brand, oh, sieh ihn immer so. -
Seiner *Nähe* bleibe froh, -
Sieh den Vater, nicht den Herren!

BRAND.
Darf ich ihm entgegenstehn?
Darf ich ihm die Wege sperren?
Stark und groß muss ich ihn sehn,
Weltengroß, - just danach schreit
Diese selbst so kleine Zeit.
Aber du, du darfst ihm nahn,
Seinen Vaterkuss empfahn,
Dich an seiner Lieb' erquicken,
An ihm ausruhn, bist du müd',
Von ihm scheiden, trostdurchglüht,
Seinen Glanz in deinen Blicken,
Kannst mit seinem Widerschein
Mich zu neuem Schaffen weihn.
Siehst du, Agnes, - so zu teilen,
Ist der Ehe Kern und Wesen;
Eins soll Kampf und Streit erlesen,
Eins soll alle Wunden heilen;
Dann erst hat sich offenbart,
Dass aus zweien eines ward.
Da du's wagtest, von der Welt

Abgetrennt und mir gesellt,
Dir dein eigen Los zu dichten,
Brachtest du mir dies als Gift:
Ich sollt' kämpfen, wie es trifft,
Keinen Sonnengluten weichen,
Keine Nacht noch Kälte scheuen, -
Du wollt'st mir den immer neuen
Labetrunk der Liebe reichen,
Wollt'st der Güte Hermelin
Weich mir untern Panzer ziehn, -
Klein ist dies dein Tun mitnichten!

AGNES.
Was ich dir auch zu vollbringen
Trachte, nichts will mir gelingen.
All mein Denken, Planen, Meinen
Kehrt zurück zu jenem Einen.
Alles ist noch wie ein Traum.
Tränen werden's überwinden, -
Und ich werd' mich wiederfinden
Und der Pflicht gewissen Zaum.
Brand, heut Nacht, indes du drauß,
Kam es durch die Kammertür
Blühend und gesund herfür,
Und in seinem dünnen Flaus
Lief's mit Kinderschritt, wie früh'r,
An mein Bett, hob seine süßen
Ärmchen mir entgegen, spähte
Nach mir, lächelnd mich zu grüßen, -
Doch als ob's um Wärme bäte!
Ja, ich sah's! Und fuhr empor -!

BRAND.
Agnes!

AGNES. Ja, - das Kind, es fror!
Und wie wollt' es auch erwarmen
In der Bretter kalten Armen!

BRAND.
Lass den Leichnam unterm Schnee;
Alf weilt in der Engel Runde.

AGNES *(weicht vor ihm zurück.)*
Wühle nur in meiner Wunde,
Schonungslos im tiefsten Weh!
Magst du hart ihn *Leichnam* nennen,
Mir ist Alf noch heut mein *Kind*.
Leib und Seele soll ich trennen?
Ich vermag nicht so geschwind
Zwischen diesen zwein zu scheiden;
Eins noch sind für mich die beiden;
Alf, der hier liegt, schneeverstoben,
Er ist auch mein Alf dort oben!

BRAND.
Manche Wunde muss noch bluten,
Eh' dein krankes Herz genest.

AGNES.
Wenn du sacht zu Werke gehst,
Leitest du mich leicht zum Guten.
Reich' mir deine starke Hand,
Sprich so mild wie möglich, Brand,
Du, von dem es heißt, es wohne
Donnersturm in seiner Rede,
Ficht ein Herz die große Fehde
Um die eigne Lebenskrone, -
Könnt'st nicht mit Schalmeientönen
Bitterlichsten Schmerz versöhnen, -
Fändst kein Wort in deiner Tiefe,
Das zu Licht und Leben riefe?

Den du mir gelehrt, dein Gott, ist
Wie ein Fürst, gehüllt in Erz;
Ach, ich fürchte, nur ein Spott ist
Ihm mein armer Mutterschmerz!

BRAND.
Glaubst du günstiger zu fahren
Mit dem Gott aus frühern Jahren?

AGNES.
Nein, nein, nimmermehr zurück!
Und doch ist mir oft, als breite
Sich vor mir das alte Glück,
Und es lockt so lichte Weite.
Leicht zu heben, schwer zu tragen, -
Wie die alten Lehren sagen.
Deine Wege, sie zerfleischen
Mir den Fuß; zu groß, zu groß
Ist dein Wollen, Wirken, Heischen,
Dein Beruf, dein Ziel, dein Los,
Dies Gebirg, das uns umerkert,
Dieser Fjord, der uns verkerkert, -
Einsamkeit, Erinnrungspein, -
Nur die Kirche ist zu klein.

BRAND *(betroffen.)*
Nur die Kirche? Der Gedanke
Liegt wohl hier in Land und Luft?
Und warum -?

AGNES *(schüttelt schwermütig den Kopf.)*
Was weiß das kranke
Herz von Gründen? Wie ein Duft,
Windverweht, begehrt oft eine
Stimmung in ihm Unterschluft.
Woher kommt sie, wohin geht sie?
Gleichviel, mein Gemüt versteht sie.

Und ich fühle klar und rein:
Unsre Kirche ist zu klein.

BRAND.
Welch ein Geist in der Gemeine!?
In wie vieler Bitt' und Klage
Trat der Wunsch nicht schon zutage!
Selbst bei ihr, die wahngetrieben
Umgeht, stand er klar geschrieben.
"Dort ist Tod, dort ist's zu enge!"
Rief sie. Und auch diese Kunde
Kam aus keinem klaren Grunde.
Wie viel Weibern fiel's nicht ein:
Brand, die Dorfkirch' ist zu klein!
Wenn aus all der Weiber Munde
Eine große Sehnsucht klänge, -
Die zu stillen *mir* gelänge?!
Agnes! Agnes! Mich zu führen,
Hat der Herr dich hergesandt;
Still und sicher, wie im Blinden,
Stets den rechten Weg zu finden,
Wenn ich seine Spur verkannt.
Nie mocht' dich ein Lockruf rühren;
Gleich am Anfang offenbartest
Du mein Reich mir und bewahrtest
Den, der Gott sich schon verglichen,
Vor des Dädalus Geschick,
Kehrtest ihm den strengen Blick
Innerwärts zum Innerlichen.
Agnes, abermals nun schlug
Deines Wortes Blitz mich klug,
Trug Gewissheit in mein Los,
Goss Erleuchtung auf mich aus; -
Klein ist unsres Herrgotts Haus, -
Gut, so zimmern wir es groß!
Nie hab' ich so hell gesehen,
Wie du alles Lichtes Bronn mir;

Und so nimm zurück dein Flehen:
Geh nicht von mir! Geh nicht von mir!

AGNES.
Sei denn, Trauerhaus, versiegelt,
Werde denn für alle Zeit
Der Erinnrung Burg verriegelt
Wie ein Grab. Vergessenheit
Trenne meerestief und -breit
Fürder dieses Grab und mich!
All mein arm und töricht Denken
Lass mich in dies Meer versenken
Und nur Gattin sein für dich!

BRAND.
Aufwärts geht der Weg, zum Großen.

AGNES.
Fordre kein *zu* steiles Klimmen!

BRAND.
Durch mich fordern höhere Stimmen.

AGNES.
Gott wird, wie du selbst gelehrt,
Heißes Wollen nicht verstoßen,
Ward ihm auch kein Sieg beschert.
(Wendet sich zum Gehen.)

BRAND.
Wohin, Kind?

AGNES *(lächelt.)* Des Hauses Pflege
Ruft, wenn je, heut Abend doch.
Letzten Christ, - du schaltst mich noch, -
Ging ich fast zu reiche Wege.
Licht in jedem Leuchterringe,

Tannengrün voll bunter Dinge,
Spielzeug, Backwerk, Zuckersachen, -
Ei, das war ein Lust und Lachen!
Wieder strahl' nun Kerz' an Kerze
Ihren Heilsgruß uns ins Herze;
Wieder schmück' ich unser Nest
Nun zum stillen, großen Fest.
Lugt dann Gott zur Tür herein,
Schau' er die gestraften Kinder
Sich dem Fest demütig weihn,
Sehe, wie sie nicht in blinder
Trauer, weil sie ihn nicht fassen,
Es zu heiligen unterlassen. -
Hab' ich mich nun in Gewalt?

BRAND *(drückt sie an sich und lässt sie wieder los.)*
Kind, mach' Licht! Das ist das deine!

AGNES *(lächelt schwermütig.)*
Und nicht wahr, du baust mir meine
Große Kirche! Aber bald!
(Ab.)

BRAND *(blickt ihr nach.)*
Willig, willig stets beweist sie
Übermenschliche Geduld;
Weicht die Kraft, verlässt der Geist sie,
Trägt ihr Wille keine Schuld.
Hilf ihr, Herr, in deiner Huld; -
Und mir nimm der Fordrung Kelch,
Grausamer Gesetzeswut
Grimmem Geier kalt zu winken,
Sie zu packen, - welch, ach welch
Zarten Herzens Flut zu trinken!
Ich hab' Kräfte, ich hab' Mut;
Gib die Last mir von uns beiden, -
Lass nur sie nicht so viel leiden.

Es klopft an die Flurtür. Der Vogt *tritt ein.*

DER VOGT.
Hier grüßt Sie ein geschlagner Mann.

BRAND.
Geschlagner Mann - ?

DER VOGT. Jawohl, so sagt' ich.
Sie wissen wohl, im Sommer wagt' ich
Bedrohlich mich an Sie heran,
Wollt' Ihnen hier den Grund abgraben
Und gab für Sie nicht *so* viel mehr!

BRAND.
Nun ja?

DER VOGT. Doch reut mein Trotz mich schwer,
Heut streck' ich schlankweg das Gewehr.

BRAND.
Warum?

DER VOGT. Weil Sie die meisten haben.

BRAND.
So?

DER VOGT.
Wär' das etwa nicht der Fall?
Sie sucht man jetzt von überall.
Hier herrscht seit kurzem, ganz entschieden,
Ein Geist, der, weiß der liebe Christ,
Nicht Geist von meinem Geiste ist, -
Woraus ich klüglich folgern darf:

Durch *Sie* weht jetzt der Wind so scharf.
Hier meine Hand; wir schließen Frieden!

BRAND.
Ein Krieg wie unsrer endet nicht,
Eh' nicht des einen Schwert zerbricht.

DER VOGT.
Was setzt' ihm besser Damm und Deich
Als Fried' und gütlicher Vergleich?
Ich mag nicht widern Stachel löcken -
Ich bin ein Mensch wie andre auch -
Und lobe mir das Waffenstrecken
Vorm Speer des Feinds als guten Brauch.
Kein Stecken hilft mir aus der Not,
Wenn mich ein spitzer Spieß bedroht.
Vereinsamt man in seinem Streben,
So ist's am schlausten: nachzugeben.

BRAND.
Wenn Sie die Lag' nur nicht verkennen!
Sie mögen mich den Stärkern nennen,
In Mehrzahl sehn -

DER VOGT. Und ob!

BRAND. Ja, jetzt
Vielleicht noch; aber wenn's zuletzt
Das große, ernste Opfer gilt, -
Wen hebt das Volk dann auf den Schild?

DER VOGT.
Ein ernstlich Opfer? Das zu sehn,
Wird Sie hier nimmer überraschen.
Woraus wird's bestenfalls bestehn?
Die Leutchen öffnen mal die Taschen.
Die Zeiten sind human und wollen

Nichts Bessres mehr als Opfer zollen.
Doch was mich schier zum Rasen brächte,
Ist, dass ich selbst aus derer Zahl,
Die das Humane hier empfahl
Und so den Opferwillen schwächte.
Ich gab damit voll Unverstand
Den eignen Vorteil aus der Hand, -
Ja, - in gewisser Weise - band
Ich selbst damit mir eine Rute -

BRAND.
Mag sein; allein bei Ihrem Mute
Und Ihrer Kraft gibt man das Spiel
Doch nicht so kurzer Hand verloren.
Das mit der Rute sagt nicht viel, -
Ein Mann ist seiner Tat geboren,
Das Paradies sein höchstes Ziel.
Und ob zum wilden Meere schwölle,
Was ihm ans Ziel zu kommen wehrt, -
Wie? Dürft' ein Mann drum rufen: Kehrt!
Weit näher ist's doch hier zur Hölle?!

DER VOGT.
Ich sage dazu Ja und Nein;
Man will doch mal aufs Trockne kommen,
Und sieht man seine Müh' nicht frommen,
So schlägt man andre Wege ein.
Wir wollen nun einmal Erstattung
Für Arbeit jeder Art und Gattung;
Gewinnt man nichts durch grade Stärke,
So geht man eben krumm zu Werke.

BRAND.
Doch *schwarz* wird deshalb nie zu *weiß*.

DER VOGT.
Mein lieber Freund, wem macht das heiß!

Was hilft's dem weiß wie Schnee Geglaubten,
Wenn alle: schwarz wie Schnee! behaupten?

BRAND.
Und Sie wohl mit?

DER VOGT. Nun nein, - genau
Besehn, nicht eben *schwarz*, doch *grau*.
Die Läufte sind human; die Massen
Nicht mehr so herrisch anzufassen.
Dies Land ist frei - und um den Preis:
Dass jedes Wort gleich gültig schalle.
Wie darf da *einer* wider *alle*
Entscheiden über schwarz und weiß? -
Kurzum, da Sie die meisten haben,
Ist mir zunächst mein Grab gegraben.
Doch statt nun fromm mich einzusargen,
Spring' ich auf Ihren Kutschentritt,
Und nur ein Narr wird mir verargen,
Dass ich nicht bis aufs Messer stritt.
Man hält, vom neuen Geist beseelt,
Mein Tun für falsch nun und verfehlt.
Man meint, dass man jetzt Größres lernte,
Als wie man jährlich besser ernte.
Nicht willig mehr, wie vordem, rührt
Das Scherflein sich, wo sich's gebührt, -
Und mag kein Mensch mehr weiter trecken,
So bleibt der Karren eben stecken.
's ist schmerzlich, - wenn Sie's überlegen, -
Den Plan zu so viel Weg- und Stegen,
Zur Austrocknung von Sümpfen, Watten,
Und mehr, stillschweigend zu bestatten.
Doch, lieber Gott, was soll man machen!
Nachgeben ist das Los der Schwachen,
Die Gegenwart geduldig schlucken
Und bis zur Zukunft klug sich ducken.
Nun, - ich verlor des Volkes Gunst,

Wie ich sie mir erwarb. Die Kunst
Ist jetzt, durch anderweit Beginnen
Den Posten wiederzugewinnen.

BRAND.
Des Volkes Gunst, - so also heißt
Der Pol, darum Ihr Streben kreist?

DER VOGT.
Mitnichten, das weiß Gott! Nein, nein!
Ich wollte das gemeine Beste,
Das Volkswohl einzig und allein.
Womit denn freilich eine feste
Erwartung auf Entgelt für brav
Getanes Werk zusammentraf.
Das ist mal so: ein rühriger Mann,
Der, was er soll, versteht und kann,
Will seiner Taten Früchte sehn,
Nicht nur für höhere Ideen
Durch Mühsal und Entsagung gehn.
Du kannst nicht, selbst beim besten Willen -
Hast Du im eignen Topf kein Huhn -
Stets alles nur für andre tun,
Wenn Du im Ehejoche knurrst!
Man hat ein Weib und viele Töchter;
Da gilt es erst den Hunger stillen; -
Ideen löschen keinen Durst,
Ideen machen keinen satt,
Wo man, wie ich, das Haus voll hat;
Und käm' mir einer drum und möcht' er
Mir an, ich spräch': Die nicht so sind,
Sie sorgen schlecht um Weib und Kind.

BRAND.
Und Ihre Absicht nun -?

DER VOGT. Zu baun.

BRAND.
Zu baun?

DER VOGT. Ich hab' zu *baun* im Sinn, -
Zu meinem wie des Volks Gewinn.
Zuvörderst wär' neu aufzubaun
Mein Ruf, den ich im Schwinden spüre; -
Die Wahlen stehen vor der Türe;
Und glückt's, die Missgunst mir zu staun
Und auf was Rechtes zu verfallen,
So werd' ich Hahn im Korb bei allen
Und kann auf Wiederwahl vertraun.
Nun hab' ich so gedacht, - man kann
Sich ja dem Zug der Zeit bequemen.
Das Volk will jetzt Erhebung, heißt es;
Dazu bin ich zu kleinen Geistes;
Ich helf' ihm höchstens auf die Beine:
Doch wie das tun, wenn die Gemeine
Es wider mich hält wie *ein* Mann?
Mich drum nicht *noch* mehr zu verfemen,
Entschloss ich dreist mich, - ging' es an, -
Die Armut hier aufs Korn zu nehmen.

BRAND.
Und auszurotten?

DER VOGT. Nein; das lässt
Sich nicht; sie ist nun mal der Brest
Jeder Gesellschaft - und zu leiden;
Doch lässt sie sich in Formen kleiden
Mit etwas Witz und streng Bezirken,
Sofern zurzeit wir auf sie wirken.
Man weiß, der Armut Unrat ist
Der Sünde bester Düngermist; -
Man soll nicht länger in ihm waten!

BRAND.
Was woll'n Sie tun?

DER VOGT. Ob Sie's erraten? -
Ich bau' zur Lösung des Konflikts,
Zu Nutz und Frommen des Distrikts,
Der Armut hier ihr eigen Pesthaus;
Ja, Pesthaus sag' ich, absichtsvoll,
Weil's Ansteckung verhüten soll.
Mit diesem dacht' ich mir im Bund
Als zweiten Flügel ein Arresthaus:
So sitzt die Wirkung samt dem Grund
Im selben Schloss- und Riegelfrieden,
Nur durch die Zwischenwand geschieden.
Und da ich nun einmal im Schuss,
So denk' ich mir zum guten Schluss
Noch unterm selben Dach 'nen Saal,
Teils zu Gelagen, teils zur Wahl,
Zu ernsten Dingen, wie zu Festen,
Mit Rednerpult und Raum zu Gästen, -
Kurzum, ein schmuck politisch Festhaus.

BRAND.
Was gilt's, Sie haben stets ein voll Haus!
Doch *Eines* brauchten wir noch mehr.

DER VOGT.
Ich weiß, Sie denken an ein Tollhaus?
Ja, freilich brauchten wir das sehr.
Ich dacht's zuerst als erstes Drittel;
Doch nach so manchem Hin und Her
Verwarf ich's doch als schönen Wahn.
Denn woher nehmen wir die Mittel
Zu einem solchen Riesenplan?
Und, glauben Sie, ein solcher Kasten
Erheischt ein Kapital von Rang,
Will jeder, der da Wert und Drang

Beweist, in seinen Mauern gasten.
Man muss dem Lauf der Zeit vertraun,
Und nicht nur für sich selber baun.
Jetzt geht ja alles wie der Blitz,
Vorm Jahr entsprechend, dies Jahr minder; -
Und da mit jedem Jahr geschwinder
Jedwed' Bedürfnis wächst und wächst,
Und Kräft' und Gaben, rein verhext,
Auf Siebenmeilenstiefelsohlen
In jedem Fach sich überholen,
So würd' 's doch ein zu teurer Witz,
Dem Nachwuchs so 'nen Edelsitz
Zu baun für sich und Weib und Kinder.
Drum sag' ich: Mag das nur noch ruhn;
Der Zahn soll uns nicht wehe tun!

BRAND.
Und macht mal wer zu arg Skandal
So hat man ja den großen Saal.

DER VOGT *(vergnügt.)*
Gewiss, der ist ja meist geschlossen!
Da liegt der Vogel abgeschossen!
Ersteht der Bau nach meinen Datis,
So haben wir das Tollhaus gratis -
Und unter *einem* Dach gesellt,
Von *einem* Wimpel überwellt,
Die Elemente, die vor allen
In unserm Kreis ins Auge fallen.
Wir haben die ohn' Hab' und Gut,
Dazu der Sünder Satansbrut,
Dazu die Narr'n, die ohne Hut
Bislang gehaust und ohne Zucht;
Des weitern unsrer Freiheit Frucht:
Wahlkampf und weiser Reden Flucht;
Dazu 'nen Ratssaal, zu beschließen,
Zum Wohl des Kreises, das und dies;

Dazu 'nen Festsaal, zu begießen,
Dass unser Urahn Bele hieß.
Geht also alles bloß nach Lust,
Bekommt der Berge Sohn ja just,
Was, recht sich selber auszuleben,
Sein billig Sehnen ist und Streben.
Wir sind nicht reich hier im Gebirg';
Doch steht erst dies Gemeindehaus,
So ruft wohl jeder Kenner aus:
Welch wohlgeordneter Bezirk!

BRAND.
Allein die Mittel - ?

DER VOGT. Ja, die hapern
In dieser wie in jeder Sach';
Die Lust zu Leistungen ist schwach,
Und kann ich Sie nicht für mich kapern,
So kommt nichts unter Dach und Fach.
Doch stützen Sie mit Wortes Macht
Mein Werk, so fallen die Beschwerden, -
Und hab' ich's gut zu End' gebracht,
Soll Ihrer nicht vergessen werden.

BRAND.
Das heißt, Sie kommen, mich zu kaufen?

DER VOGT.
Wie Sie gleich immer überlaufen! -
Ich meint', es müsst' mir damit glücken,
Den Zwietrachtschlund zu überbrücken,
Der zwischen uns bisher geklafft
Und keinem Teil Gewinn geschafft.

BRAND.
Da kamen Sie zur falschen Stunde -

DER VOGT.
Ach wohl; ich weiß, - der große Schmerz -!
Die Ihnen jüngst geschlagne Wunde -!
Doch Ihre Fassung gab mir Herz -
Und dann Ihr Einfluss in der Runde -

BRAND.
Das Auge trocken oder nass, -
Ich stehe, - gilt's, - bereit für jeden.
Jedoch ein andrer Grund will, dass
Sie diesmal doch vergebens reden.

DER VOGT.
Und welch ein Grund -?

BRAND. Ich selbst will bauen.

DER VOGT.
Was? Baun? Sie stehl'n mir die Idee?

BRAND.
Nicht ganz.
(Zeigt zum Fenster hinaus.)
Vogt, sehn Sie dort im Schnee -?

DER VOGT.
Dort?

BRAND. Ja.

DER VOGT. Den großen grauen Stall
Fürs Pfarrvieh, - dort am Wasserfall?

BRAND.
Daneben den; - den *kleinen* grauen.

DER VOGT.
Die Kirch'?!

BRAND *(nickt.)* Sie will ich größer bauen.

DER VOGT.
Das soll, den Teufel, nicht geschehn!
Dran soll mir einer sich getrauen!
Sie haben's auf mich abgesehn!
Mein Plan ist fertig und hat Eile;
Doch Ihrer schießt mir meine Pfeile
Vorweg. Nein, nein! Ich will nicht leben,
Wenn ich -

BRAND. Ich hab' nie nachgegeben.

DER VOGT.
Sie müssen! Baun Sie mein Arresthaus
Und Pesthaus und politisch Festhaus,
In Summa, kurz gesagt, - mein Tollhaus,
Wen schiert dann noch das morsche Dachwerk
Der Kirche? Bricht, weiß Gott, das Fachwerk
Doch nun schon Jahr und Tag nicht ein!

BRAND.
Wohl möglich; doch sie ward *zu klein*.

DER VOGT.
Ich sah mein Lebtag noch kein *voll* Haus!

BRAND.
Nicht *eine* arme Seele fände
Mehr Raum im Zwinger dieser Wände.

DER VOGT *(schüttelt verwundert den Kopf.)*
Wodurch, bedünkt mich, eben diese,
Wie not ein Narrenhaus, bewiese!

(Verändert den Ton.)
Die Kirche fällt nicht, eh' ich sterbe.
Ich möcht' mich niemals von ihr trennen
Die wir mit Recht ein Erbstück nennen,
Jawohl, ein unverletzlich Erbe,
Trotz allen Ihren Fechtersprüngen!
Ja, wird mein Plan des Teufels Beute,
So werd' ich in der Gunst der Leute,
Ein Vogel Phönix, mich verjüngen!
Ich trete, Hand am Schwertesknauf,
Für unsrer Küste Denkmal auf!
Denn früh schon schmückte diesen Strand
Ein Opferstein für unsre Väter, -
Worüber dann die Kirche später
Aus frommer Helden Raub entstand.
Verklärt in ihrer simplen Pracht,
Geweiht in ihrer alten Tracht,
So ragt sie bis in unsre Tage -

BRAND.
Doch was gezeugt von früher Macht,
Ist nun wohl längst zur Ruh' gebracht -
Und alles nur noch fromme Sage.

DER VOGT.
Just eben dies! Sie ist so alt,
Dass sich kein Span mehr finden lässt;
Doch zu Großvaters Zeiten galt
Ein Loch noch in der Wand als Rest!

BRAND.
Ein Loch?

DER VOGT. Groß wie drei Maltersäck'!

BRAND.
Doch Sie, die Wand?!

DER VOGT. Ja, die war weg.
Und deshalb muss ich rundweg sprechen:
Der Kirche Sturz ist unausführlich.
Es wär' ein schmählich, unnatürlich,
Barbarisch Tun, sie abzubrechen.
Und dann das Geld, - ich wette, keiner
Wird Ihr Bedürfnis danach stillen
Und seinen Beutel ziehn um einer
Unausgetragnen Laune willen,
Wenn statt so vieler schwerer Millen
Ein Nichts sie so noch auf dem Damm hält,
Dass sie sich unsre Zeit noch stramm hält!
Doch sehn Sie selbst, wes Krug sie netzt, -
Ich weiß, ich lache doch zuletzt.

BRAND.
Das neue Haus für meinen Gott
Macht keines Bettlers Hand bankrott.
Aus eignen Mitteln will ich bauen; -
Ich hab' all mein ererbtes Geld
In dieses Werkes Dienst gestellt.
Nun, sind Sie immer noch der Held,
Mir meine Tat nicht zuzutrauen?

DER VOGT *(mit gefalteten Händen.)*
Jetzt platzt die Welt an allen Nähten!
So was geschieht ja kaum in Städten; -
Und hier, - wo jeder sein Metall,
Eh' dass er's dem Gemeinzweck lieh',
Lieber vergräbt, - hier öffnen Sie
Freigebig einen Wasserfall,
Der blinkt und funkelt, sprüht und schäumt - ?
Nein, wie gesagt, mich dünkt, mir träumt!

BRAND.
Ich hab' mich meines Erbteils längst
Vor mir entäußert -

DER VOGT. Derlei Reden
Vernahm ich oft; doch wies ich jeden
Zurück mit einem: "Was Du denkst!
Wer wär' zu opfern wohl gewillt,
Wo's nicht gewissen Vorteil gilt?"
Doch das ist Ihre eigne Sach'; -
Gehn Sie voran; ich folge nach.
Sie können handeln, stehn in Flammen,
Ich wirk' im Stillen, mehr gemach. -
Brand, baun die Kirche wir *zusammen*!

BRAND.
Sie wissen rasch sich abzufinden!

DER VOGT.
Und ob ich's weiß, und ob ich's tu'!
Torheit, hier Widerstand zu leisten!
Wem pendelt wohl die Menge zu,
Will einer stopfen, mästen, feisten,
Ein andrer melken, scheren, schinden?
Ja, Tod und Teufel, tu' ich mit!
Ich bin von Ihrem großen Schritt
Bewegt, ergriffen, schier gerührt;
Ein Glücksfall, traun, hat mich just heute
Nach diesem Pfarrhof hergeführt;
Denn - darf ich sagen - ohne *mein*
Geplan' kam Ihnen *Ihr's* kaum ein, -
Kam jedenfalls nicht vor die Leute.
Und prangt ein Neubau nächsten Winter,
Steckt eigentlich der Vogt dahinter.

BRAND.
Doch jene ragende Ruine
Der Vorzeit muss geopfert sein.

DER VOGT *(blickt hinaus.)*
Betrachtet hier im Doppelschein

Von Neuschnee und von Neumond, schiene
Fürwahr ihr weitrer Beibehalt
Vom Übel!

BRAND. Wie?

DER VOGT. Sie ist zu alt!
Es ist mir völlig unerklärlich,
Dass ich den ganzen Abend schlief, -
Doch steht der Hahnenbalken schief; -
Sein fernrer Brauch wär' höchst gefährlich.
Und wo ist Stil, Architektur?
An Wand und Dachstuhl keine Spur!
Wie soll man solche Bogen nennen?
Ein Fachmann würde sagen: gräulich!
Und recht hat er; sie sind abscheulich.
Und dieses Moosdach wird wohl schwerlich
Noch König Beles Zeiten kennen.
Nein, Pietät geht leicht zu weit!
Das muss dem größten Enthusiasten
Einleuchten, dass der alte Kasten
In Summa eine Unmöglichkeit.

BRAND.
Wenn aber nun die Leute sprechen:
Wir weigern uns, ihn abzubrechen -?

DER VOGT.
Will niemand andres, so will *ich*.
Vertraun Sie mir, ich werd' beizeiten
Die Sache glatt in Wege leiten,
Zum Fest schon, bis auf Punkt und Strich.
Hei, werd' ich eifern, wiegeln, schreiben; -
Allein, Sie kennen mich ja, - Schnack!
Und kann ich aus dem dummen Pack
Nicht Hilfe gnug zusammentreiben,
So greif' ich selbst zu Axt und Hack',

Ihn Stock- um Stockwerk zu entleiben.
Und müssten meine eigne Frau
Und eignen Töchter auf den Fleck,
Er soll, bei Tod und Teufel, weg!

BRAND.
Was für ein andrer Ton, schau, schau,
Als der, in dem Sie jüngst geschmäht!

DER VOGT.
Vielseitig sein, mein Freund, das rät
Die Lehre der Humanität;
Und als da sagt der Dichtersmann,
So ist just das ein köstlich Ding,
Dass Flügel unser Geist empfing, -
Mit andern Worten - fliegen kann. -
Ade!
(Nimmt seinen Hut.)
Ich muss zu meiner Bande.

BRAND.
Zu wem?

DER VOGT. Wir griffen heut am Rande
Des Dorfs, selbzweit, - was sagen Sie! -
Zigeuner, hässlich wie die Schande.
Jetzt liegt das Volk, wie Federvieh
Verschnürt, im Nachbarhaus am Strande.
Indes der Teufel soll mich holen,
Wenn sich nicht zwei, drei fortgestohlen -

BRAND.
Man läutete doch Weihnacht ein.

DER VOGT.
Was lässt uns dann die Brut nicht sein!
Doch allerdings, in *einer* Weise

Gehört sie der Gemeinde an -
(Lachend.)
Ja *Ihnen* selbst! Wenn Rätselspeise
Sie lüstet, - stehn Sie Ihren Mann!
Nun wohl! Es leben Leute: *Die* sind
Kraft *derer* da, kraft derer *Sie* sind,
Und *sind* doch wieder, schlecht und recht,
Weil sie aus *anderem* Geschlecht!

BRAND *(schüttelt den Kopf.)*
Ach Gott, der Rätsel sind so viele.
Man tappt - und kommt zu keinem Ziele.

DER VOGT.
Dies Rätsel ist doch leicht geraten.
Sie hörten von dem Teufelsbraten
Wohl schon das ein' und andre Wort -
Dem armen Burschen hier am Ort, -
Im übrigen ein heller Schädel! -
Der einst um Ihre Mutter warb -

BRAND.
Was weiter?

DER VOGT. Um ein steinreich Mädel!!
Worauf ihn denn die Ungerührte
Zum Blocksberg schickt', wie sich's gebührte.
Jedoch was tat nun unser Freund?
Er nahm, verhärmt, halb von Verstande,
Ein ander Weib, aus einer Bande
Zigeuner, - und bevor er starb,
Ließ er dem Trupp sein Blut zum Pfande,
Das nun in Sünd' und Elend sträunt.
Ja, eins von diesen Kebsweib-Trollen
Ward richtig *uns* hier einbeschert,
Dass wir des Kerls gedenken sollen -

BRAND.
Und das ist wer?

DER VOGT. Die junge Gerd!

BRAND *(mit gedämpfter Stimme.)*
Die Gerd!

DER VOGT *(munter.)*
Was? Macht das Rätsel Staat?
Sein Blut lebt doch kraft derer, die
Sie, Brand, geboren und gesäugt; -
Denn hätt' er Ihre Mutter nie
Geliebt, so hätt' er's nie gezeugt.

BRAND.
Vogt, wissen Sie mir keinen Rat,
Was diese Seelen retten könnte?

DER VOGT.
Der find't sich hinter Zuchthaustoren.
Die sind mit Haut und Haar verloren;
Wer ihnen helfen wollt', missgönnte
Dem Teufel, was just selben schiert
Und davor schützt, dass er falliert.

BRAND.
Sie hatten doch zu bau'n gedacht,
Der Nächsten Wohl so warm erwogen!

DER VOGT.
Der Antrag ward, kaum eingebracht,
Schon wieder auch zurückgezogen.

BRAND.
Und ging' es noch -; wär's jetzt zu spät - ?

DER VOGT *(lächelnd.)*
Das ist ein andrer Ton, schau, schau,
Denn der, in dem Sie jüngst geschmäht.
(Klopft ihm auf die Schulter.)
Was tot, ist tot und abgetan;
Entschlossen Handeln ziert den Mann.
Ade! Ich darf nicht länger fackeln,
Ich muss nach meinen Kücken gackeln,
Den ausgerissnen, und ihr Nest
Aufspüren. Also, frohes Fest!
Ade! Und grüßen Sie die Frau!
(Ab.)

BRAND *(nach gedankenvollem Schweigen.)*
Endlose Schuld, wohin ich schau'. -
So wirr, so bunt verschlingen sich
Des Schicksals Fäden, Stich um Stich;
So stecken Sünd' und Frucht der Sünde
Sich an im trübsten aller Bünde,
Dass du erkennst, es ward aus Recht
Und blutigem Unrecht *ein* Geflecht.
(Tritt ans Fenster und blickt lange hinaus.)
Mein Kind, du fielst, schuldloses Lamm,
Für meiner Mutter Trotzenwollen;
Ein Irrgeist bracht' die Mahnungsflamm'
Vom Throner überm Wolkenkamm
Und hieß den Schicksalswürfel rollen; -
Und dieser arme Nachtgeist *wird,*
Weil meine Mutter einst geirrt.
So hält der Herr mit dem Ertrage
Der Schuld Recht und Gesetz die Wage,
So schleudert er vom Himmel nied
Heimsuchung bis aufs dritte Glied.
(Weicht entsetzt vom Fenster zurück.)
Ja, dem Gesetz muss g'nug geschehn!
Erst müssen *gleich* die Schalen stehn.
In unserm *Opferwillen* lebt
Die Macht, dass sich der Weiser hebt.

Doch darf die Zeit das Wort nicht nennen;
Denn alle scheu'n sich, es zu kennen.
(Geht lange auf und ab in der Stube.)
Und beten? Beten? Hm, - gar rund
Entrollt dies Wort der meisten Mund;
Bei hoch und niedrig schallt sein Ruhm -
Und heißt: wenn's blitzt und stürmt, um Gnade
Winseln zum Herrn verborgner Pfade, -
Betteln um Christi Mittlertum, -
Die beiden Händ' gen Himmel recken -
Und bis zum Hals in Zweifeln stecken.
Haha, wär' das des Rätsels Kern,
So wagt' ich's wohl, wie mancher Christ,
Und hämmert' an das Tor des Herrn,
Den es "ein Graun zu preisen" ist!
(Hält inne und versinkt in Gedanken.)
Und doch, - als er mir Alf entrückte,
Als er des Schmerzenskelches Grund
Mir bot, - mein Kind einschlummert' - und
Dem bängsten Kuss von Muttermund
Kein Lächeln mehr zu wecken glückte, -
Was *war* das -? Betet' ich da nicht?
Wo kam der süße Rausch da her,
Der mich wie Sphärensang entzückte?
Was hob mich da zum Himmel? Wer
Durchwob mich da mit Glut und Licht?
Hab' ich gebetet da? War Er
Mein Beichtiger in jener Stunde?
Sah Er da meines Herzens Wunde
Und führte sanft mich zum Verzicht? -
Was weiß ich! Alles ist verhängt
Und aber Nacht um mich gesenkt, -
Und kein, kein Funke Licht zu finden - -.
Doch, *eine* sieht selbst noch im Blinden!
(Ruft angstvoll.)
Licht, Agnes, - Licht von deiner Hand!

Agnes *öffnet die Tür und tritt mit den angezündeten Festkerzen ein. Ein heller Schein fällt über die Stube.*

BRAND.
Licht!

AGNES. Siehst das Weihnachtslicht du, Brand?

BRAND *(leise.)*
Das Weihnachtslicht!

AGNES *(stellt die Kerzen auf den Tisch.)*
Sag', Teurer, blieb
Ich lang?

BRAND. Nein, nein!

AGNES. Und alles Holz
Verkohlt! Du frierst ja!

BRAND *(stark.)* Nein!

AGNES *(lächelnd.)* Dein Stolz
Will nicht einmal den schlichten Trieb
Nach Wärm' und Licht!
(Legt im Ofen nach.)

BRAND *(geht auf und ab.)* Hm, will nicht!

AGNES *(still vor sich hin, während sie die Stube aufputzt.)*
So,
Hierher den Leuchter. Gott, wie froh
Er vorig Jahr zum Kerzenglanz
Die Ärmchen hob und, Staunen ganz,
Von seinem Stühlchen aus die Frag'
Tat: Ist das eine Sonne, sag'?

(Verschiebt den Leuchter ein wenig.)
Jetzt fällt des Lichtes volle Flut
Hinaus, - hinüber, - wo er ruht.
Jetzt grüßt ihn durch die Scheiben just
Die Wand, davon er fortgemusst;
Jetzt kann er durch des Schneesturms Wehn
Sein Weihnachtsstübchen schimmern sehn. -
Doch 's Fenster ist wie tränenblind; -
Wart', wart'; ich hab' ein Tüchlein seiden -
(Trocknet das Fenster ab.)

BRAND *(ist ihr mit den Augen gefolgt und sagt leise:)*
Wann stürmt auf diesem Meer von Leiden
Der letzte wühlerische Wind!
Es *muss* zur Ruhe.

AGNES *(für sich selbst.)*
Sieh, wie hell!
Die Scheide fiel, und lieblich schnell
Wuchs seinem Glanz das Zimmer nach -
Und ward die böse, kalte Erde
Mit einem Mal ein traut Gemach,
Dass süß und hold sein Schlummer werde!

BRAND.
Was tust du, Agnes?

AGNES. Still doch, Brand!

BRAND *(nähert sich ihr.)*
Du zogst den Vorhang auf!

AGNES. Nun schwand
Der Traum; nun bin ich wieder wach.

BRAND.
Im Traum wird leicht der Beste schwach.
Mach' wieder zu!

AGNES *(flehentlich.)* Brand!

BRAND. Zu! Dicht zu!

AGNES.
Oh du! Sei nicht so grausam, du!

BRAND.
Zu, zu!

AGNES *(zieht die Laden vor.)*
Jetzt ist gut zugemacht.
Gott hat gewiss mir nicht verdacht,
Trank ich auf kurze Traumesfrist
Am Trostesquell -

BRAND. Nein, nein! Er ist
Ein Richter, der mit einem weiten
Gewissen deine Akten führt;
Wenn auch in deiner Brust zu Zeiten
Ein Fünkchen Götzendienst sich rührt!

AGNES *(bricht in Tränen aus.)*
So sag', wann je dein Fordern endet!
Entblättert liegt mein Lebenskranz.

BRAND.
Ich habe dir gesagt: Verschwendet
Ist jedes Opfer, das nicht *ganz*.

AGNES.
Doch mein's *war ganz*; nichts ist geblieben!

BRAND *(schüttelt den Kopf.)*
Hat's dich zu weiteren getrieben?

AGNES *(lächelt.)*
Versuch' der Armut Mut in mir!

BRAND.
Gib!

AGNES. Nimm! Was wär' noch unerschwungen!

BRAND.
Dein Schmerz, deine Erinnerungen, -
All deiner Sehnsucht sündige Gier -

AGNES *(verzweifelt.)*
Mein Herz samt seinen Wurzeln, - hier!
Da! Reiß' es aus!

BRAND. Was du auch beust,
Versinkt im Abgrund allzumal,
Sobald du den Verlust bereust!

AGNES *(schaudert.)*
Dein Weg zu Gott ist steil und schmal

BRAND.
Der *Wille* kennt nur diesen einen -

AGNES.
Und *Gnade* schweigt - ?

BRAND *(abweisend.)* - aus Opfersteinen.

AGNES *(starrt vor sich hin und sagt erschüttert:)*
Jetzt ziehn uralte Nebel fort - - !

Oh Wort der Schrift! Die Tiefe wirbt
Und tut sich auf -

BRAND. Was für ein Wort?

AGNES.
Dass, wer Jehova siehet, - stirbt.

BRAND *(schlägt die Arme um sie und drückt sie dicht an seine Brust.)*
Verbirg dich! Sieh ihn nicht! Versprich!
Sieh nicht!

AGNES. Nicht?

BRAND *(lässt sie los.)* Nein! Hör' nicht auf mich!

AGNES.
Du leidest, Brand!

BRAND. Ich liebe dich.

AGNES.
Dein Lieben schmerzt gar sehr.

BRAND. *Zu* sehr?

AGNES.
Dein Weg ist mein Weg. Frag' nicht mehr!

BRAND.
Wie! schied ich denn aus eitlen Grillen
Dein junges Herz von Spiel und Tanz, -
Wie! flocht ich einer Halbheit willen
Dir deiner Leiden Dornenkranz?
Weh uns! Was hätt' es dann für Wert
Gehabt, dass wir *den* Kelch geleert!

Du bist mein Weib, du musst dein Leben, -
Das heisch' ich, - *ganz* dem Herrn ergeben.

AGNES.
Ja, ja; doch geh nicht von mir, du!

BRAND.
Vergib mir, mich verlangt nach Ruh'.
Bald soll die neue Kirch' erstehen -

AGNES.
Mein altes Kirchlein sank in Staub.

BRAND.
Hat's Deinen Götzendienst gesehen,
So ward's mit Recht der Winde Raub.
(Umfängt sie wie in Angst.)
Gott segne dich - und schließ' auch mein
Geschick in seinen Segen ein!
(Geht nach der Seitentür.)

AGNES.
Brand, wärst du bös, wenn ich ganz sachte
Das Fenster wieder freier machte?
Ein Spaltchen nur? Brand, darf ich?

BRAND *(in der Tür.)* Nein.
(Geht in seine Kammer.)

AGNES.
Alles, alles mir zu wehren!
Jeder Laden zugezerrt!
Gramvergessen, Seufzer, Zähren,
Himmel, Grab verwehrt, versperrt!
Fort! Mein Blut kann hier in diesen
Einsamkeiten nicht mehr fließen!
Fort? Wohin? Sehn nicht von droben

Strenge Augen jeden Schritt?
Führt' ich, fliehend von hier oben,
Wohl des Herzens Habe mit?
Könnt' ich aus dem tauben Schweigen
Meiner Furcht je talwärts steigen?
(Horcht an der Türe zu Brands Stube.)
Er liest laut. Und seinen Ohren
Meine Stimme nimmer naht.
Keine Hilf'! Kein Trost, kein Rat!
Selber Gott ist heut verloren
In sein Lauschen, was der reichen,
Kinderreichen, glückesweichen
Menschen Dank ihm singt und lacht.
Heut, in seiner Weihenacht,
Schenkt er keinen Blick mir, keinen
Einer einsamen Mutter Weinen.
(Nähert sich vorsichtig dem Fenster.)
Öffn' ich wohl den strengen Laden,
Lass' der Kerzen hellen Schein
Seinen schwarzen Schlummerschrein
Alles Grausens lauter baden? -
Nein, mein Alf ist nicht da drinnen.
Heut ist ja der Kinder Fest; -
Ob ihn Gott wohl kommen lässt?
Ach, vielleicht schon steht er außen,
Pocht in seinem weißen Linnen
Ans verschlossne Fenster draußen. -
Schluchzte es nicht eben nun?
Alf, ich weiß ja nicht, was tun!
Horch, dein Vater schloss das Zimmer; -
Alf, ich darf nicht öffnen heut!
Tun wir denn, wie er gebeut!
Wir gehorchten ja noch immer.
Oh, flieg heim zum Himmel wieder;
Dort ist Glanz und dort ist Freud',
Tanzen Reigen, tönen Lieder.
Aber zwing die Tränen nieder, -
Sag' nicht, dass er 's Haus verrammelte,

Da du kamst, nach uns zu sehn.
Kleines Kind kann nicht verstehn,
Was für Weg' wir Große gehn.
Sag', wie er vor Trauer stammelte;
Sag', wie selbst dies Grün er sammelte
Zu dem schmucken Kränzlein hier.
Kannst du's sehn? Das wand *er* dir!
(Lauscht, besinnt sich und schüttelt den Kopf.)
Ach, ich träume. Weitaus treuer
Trennt uns eine andre Wand.
Erst im großen Läutrungsfeuer
Fällt in Trümmer ihr Gemäuer,
Stürzt die Wölbung, knarrt der Riegel,
Springt der Kerkertüre Siegel,
Birst des Schlosses ehern Band!
Viel noch, viel noch muss geschehen,
Eh' wir zwei uns wiedersehen.
Füllen will ich, Scholl' auf Schollen,
Seiner Forderungen Schacht,
Werde hart sein, werde *wollen*. -
Aber heut ist Weihenacht.
Freilich, dies Jahr fehlt das Beste -!
Halt! Ich hol' hervor zum Feste,
Was von ihm mir noch gelassen,
Und des grenzenlosen Wert,
Seit mein Glück von mir gekehrt,
Nur ein Mutterherz kann fassen.

Sie kniet vor der Kommode nieder, öffnet eine Schublade und nimmt verschiedene Dinge heraus. Im selben Augenblick macht Brand *die Tür auf und will sie anreden; aber da er ihr Vorhaben bemerkt, besinnt er sich und bleibt stehen.* Agnes *sieht ihn nicht.*

BRAND *(leise.)*
Ewig dies zum Kirchhof Schielen,
Ewig dies am Grabe Spielen!

AGNES.
Schleier, Kleid und Mäntelein,
Drin mein kleiner Schatz getauft ward -
(Hält das Kleidchen in die Höhe, betrachtet es und lacht.)
Gott, wie über alle Maßen
Süß dies Kleidchen ist! Ja, mein
Prinzchen war gar wunderfein,
Als wir so im Kirchstuhl saßen. -
Sieh, die Schärp' hier und das Röckchen,
Drin er mir das erste Jahr
An die Luft gedurft. Es war
Derzeit, als es ihm gekauft ward,
Viel zu lang; doch wie im Fliegen
Wuchs er draus. - Das mag hier liegen. -
Handschuh', Söckchen, - potz! die Söckchen! -
Und sein neues Seidenhäubchen
Für den Winter; - noch kein Stäubchen
Hat an seinem Glanz gerührt. -
Oh, und hier die Reisestücke,
Drein ich ihn auf Brands Gebot
Eingemummt und eingeschnürt; -
Als ich wieder sie zurücke
Legte, war ich müd' zum Tod.

BRAND *(ringt die Hände in Qual.)*
Gott, - ich kann's nicht! Soll sie ihren
Letzten Trost durch mich verlieren?
Bürd' es einem andern auf!

AGNES.
Da sind Flecken; - weint' ich drauf? -
Welch ein Reichtum! Perldurchsträhnet,
Schmerzzerknittert, angstbeträhnet,
Glanzumstrahlt vom Graun der Wahl,
Heilig! Seines Opfertages
Krönungsmantel! Tröst' dich, zages
Herz, noch reich in aller Qual!

Es pocht heftig an der Flurtür; Agnes *wendet sich mit einem Aufschrei um und erblickt zugleich* Brand. *Die Tür wird aufgerissen und* ein Weib, *in zerrissener Kleidung, tritt, ein Kind auf dem Arm, eilig ein.*

DAS WEIB *(sieht die Kindersachen und ruft Agnes zu:)*
Reiche Mutter, teil' mit mir!

AGNES.
Du bist zehen Mal so reich!

DAS WEIB.
Ha, du bist den andern gleich;
Leere Worte dort und hier!

BRAND *(nähert sich ihr.)*
Sag', was hast du hier im Sinn?

DAS WEIB.
Nichts mit dir, dem Pfarrer! Besser
Wieder in des Eiswinds Messer,
Als zu hör'n dein pfäffisch Unken;
Lieber totgehetzt, ertrunken
Auf 'ner Klippe faulen hin,
Als Dir, Schwarzrock, Red' zu stehen,
Der mich heißt, zur Hölle gehen!
War's, zum Teufel, *mein* Versehen,
Dass ich die ward, die ich bin?

BRAND *(leise.)*
Diese Stimme, dies Gesicht
Füllen mich mit Ahnungsgrausen!

AGNES.
Rast' dich, wenn dir matt zumut ist.
Bist du hungrig, hehl's uns nicht -

DAS WEIB.
Der Zigeuner darf nicht hausen,
Wo es hell ist, wo es gut ist.
Unser Heim sind hohle Stämme,
Schluchten, Straßen, Bergeskämme;
Müssen ziehen, müssen wandern,
Haus und Herd sind für euch andern.
Schon zu lang' hier halt' ich Rast;
Sie sind hinter mir wie Hunde!
Wenn mich Vogt und Amtmann fasst,
Sitz' ich auch zur selben Stunde.

BRAND.
Hier soll's keiner wagen.

DAS WEIB. Hier?
Wo mich Dach und Wand begraben?
Nein, der Nachtwind, sag' ich dir,
Wird uns beide besser laben.
Doch ein Fetzen Kleid fürs Kleine!
Denn mein Ält'ster, dieser Dieb,
Stahl dem eignen Bruder seine
Lumpen, drein ich ihn gewickelt;
Schau', halb nackt ist er, die Beine
Blau wie Eis, die Haut zerprickelt
Vom Gestöber, das uns trieb.

BRAND.
Weib, lass ab von ihm - und gib
Uns ihn, seinem Heil zulieb!
Lass ihn nicht bei dir verkommen, -
Und der Fluch wird ihm genommen -

DAS WEIB.
Ja, du weißt es gut wie einer!
Solch ein Wunder tut dir keiner, -
Soll's nicht einmal! Krieg, jawohl,

Euch, durch die mein Jung' verloren!
Weißt du, wo ich ihn geboren?
An der Straßengrabenkante,
Unter Trinken, Spiel, Gejohl'.
Tauft' ihn aus 'ner Pfütz', einbrannte
Mit 'ner Kohl' ihm 's Kreuzeszeichen,
Tat ihm meine Schnapsflasch' reichen; -
Und just als ich ihn gebar,
Stritt um mich die halbe Schar -
Bessre Gott die Missetäter! -,
Wer der Vater, - wer die Väter!

BRAND.
Agnes!

AGNES. Ja.

BRAND. Tu deine Pflicht.

AGNES *(voll Entsetzen.)*
Brand! Ihr! Nimmermehr! Das nicht!

DAS WEIB.
Gib, gib! Gib mir, was du hast!
Seidenzeug und alten Prast!
Nichts ist mir zu schlecht, zu gut,
Wärmt's nur sein erstarrtes Blut.
Stirbt er auch noch heut, so sei's
Doch in Schweiß und nicht in Eis.

BRAND *(zu Agnes.)*
Höre dieses Zeichens Zunge!

DAS WEIB.
Darbt dir drum dein eigner Junge?
Nein! - So gib denn dem, der fremd,
Lebenskleid und Totenhemd!

BRAND.
Weh', wer sich dem Gipfelschwunge
Seiner Pflicht entgegenstemmt!

DAS WEIB.
Gib!

AGNES. Das heißt am Toten drüben
Schändung, Leichenraub verüben!

BRAND.
Unnütz ward er hingegeben,
Bleibst du an der Schwelle kleben.

AGNES *(gebrochen.)*
Nun, dein Willen, er geschehe.
Herz, zerbrich! Was gilt dein Wehe.
Weib, wohlan, - da ich denn muss, -
Teilen wir den Überfluss -

DAS WEIB.
Gib! Gib!

BRAND. *Teilen?* - Agnes; *teilen?*

AGNES.
Eher mag mich Tod ereilen,
Als ich noch mehr gebe. Stiehl
Mir nicht *alles*! Freu' sie der
Hälfte sich! Sie braucht nicht mehr!

BRAND.
War das *Ganze* auch zu viel,
Als für *dein* Kind es gekauft ward?

AGNES *(gibt dem Weib ein Stück ums andere.)*
Komm, hier nimm das Mäntelchen,
Das er trug, als er getauft ward.
Hier sind Schärpe, Kleid und Röckchen, -
Das hält warm bei Nacht und Wind, -
Hier das Häubchen, hier die Söckchen, -
Darin tut kein Frost ihm weh;
Nimm den letzten Fetzen denn -

DAS WEIB.
Gib, gib!

BRAND. Gabst du *alles*, Kind?

AGNES *(gibt von Neuem.)*
Hier sein Krönungsmantel, als wir
Ihn geopfert!

DAS WEIB. So! Jetzt seh'
Ich nichts mehr. Wenn auf dem Hals mir
Nur nicht Vogt und Amtmann sind!
Ich bekleid' ihn auf der Treppe, -
Und dann fort mit dem Geläppe!
(Ab.)

AGNES *(steht in starkem inneren Kampf; endlich fragt sie:)*
Sag' mir, Brand, wär' es wohl billig,
Fordertest du jetzt noch mehr?

BRAND.
Sag' mir du erst: Schrittst du willig
Zu dem Opfer, herb und schwer?

AGNES.
Nein.

BRAND. So war's zum Spiel geschehen,
Und die Ford'rung bleibt bestehen.
(Wendet sich zum Gehen.)

AGNES *(schweigt, bis er an der Tür ist, dann ruft sie:)*
Brand!

BRAND. Was gibt's?

AGNES. Ich hab' gelogen, -
Dich um *ein* Ding noch betrogen.
Brand, vergib! Ich widersetzte
Mich: Ich gab noch nicht das Letzte.

BRAND.
Nun!

AGNES *(zieht ein zusammengefaltetes Kindermützchen aus dem Busen.)*
Eins blieb undargebracht.

BRAND.
Dies?

AGNES. Beträant von meinen Schmerzen,
Feucht vom Schweiß der Sterbenacht,
Lag's bis jetzt an meinem Herzen!

BRAND.
Bleib in deiner Götzen Macht!
(Wendet sich zum Gehen.)

AGNES.
Halt!

BRAND. Was willst du?

AGNES. Oh, du weißt es.
(Reicht ihm das Mützchen hin.)

BRAND *(tritt auf sie zu und fragt, ohne es zu nehmen:)*
Willig?

AGNES. Willig! Ja.

BRAND *(nimmt das Mützchen.)*
So heißt es
Eilen; sonst entfernt sie sich.
(Ab.)

AGNES.
Selbst dies letzte Band, das mich
Noch am Staub hielt, - er zerreißt es!
(Steht eine Weile unbeweglich; nach und nach geht der Ausdruck ihres Antlitzes in hell strahlende Freude über. Brand *kommt zurück; sie fliegt ihm jubelnd entgegen, wirft sich ihm an die Brust und ruft:)*
Ich bin frei! Brand, ich bin frei!

BRAND.
Agnes!

AGNES. Alles ist vorbei!
Nacht und Graun, die mich gebunden
Wie ein böser Traum und Krampf,
Ruhn im Abgrund überwunden!
Sieg beschließt des Willens Kampf!
Alle Tränen sind vergossen,
Alle Wolken sind zerflossen;
Hinter kurzen Todesnöten
Schimmern ewige Morgenröten!
Totenacker, Totenacker!
Keiner Seel' Irrlichtgeflacker
Lockt mich mehr, dich anzuklagen; -
Alf ist himmelan getragen!

BRAND.
Ja! Jetzt hast du überwunden!

AGNES.
Überwunden hab' ich, traun!
Überwunden Grab und Graun!
Blick' empor! Alf ist gefunden!
Siehst du, wie er, neu erweckt,
Lächelnd von des Thrones Stufen
Seine Ärmchen nach uns streckt?
Hätt' ich jetzt auch tausend Stimmen,
Wüsste, Gott würd' nicht ergrimmen,
Hielt' ich dennoch mich versteckt,
Ohn' ihn wieder heimzurufen.
Oh, welch tiefer Weisheit Bronn:
Gott entreißt mich, streng mich von
Meinem köstlichen Kleinode
Trennend, sichrem Seelentode.
Ich bekam's, dass ich's verlöre -
Und nach seinem Himmel fröre!
Dank dir, Freund an meiner Seite,
Treuer Helfer mir im Streite!
Oh, ich sah wohl deine Qual.
Jetzt stehst du im Tal der Wahl;
Hilf dir selbst nun angesichts
Deines *Alles* oder *nichts*!

BRAND.
Kind, was willst du damit sagen?
Ist der Streit nicht ausgetragen?

AGNES.
Du vergisst, was uns verdirbt: -
Wer Jehova siehet, stirbt!

BRAND *(weicht zurück.)*
Weh mir, welch ein Licht entbrennst du!

Nein! und tausend Male nein!
Meine starken Arme kennst du, -
Und so lass mich nicht allein!
Mag sich alles von mir kehren,
Jedes Lohns kann ich entbehren,
Aber nimmer, nimmer dein!

AGNES.
Wähl', du stehst am Scheidewege!
Lösch' das Licht, - und das Gespenst, du
Weißt, es wird von neuem rege;
Tilg' der Weihnachtslichter Helle; -
Horch, sie sitzt noch auf der Schwelle; -
Lass mich zu den himmlisch blinden
Tagen wieder heimwärts finden,
Stoß' mich, wiederum entmündigt,
In den Staub, drin ich gesündigt, -
Alles kannst du; wandle mich;
Was vermag ich wider dich;
Schneid entzwei der Flügel Sehne,
Gieß mir Blei in jede Vene,
Mach' mich mit derselben Hand
Klein, die mich zu heben strebte,
Lass mich leben, wie ich lebte,
Da ich noch in Nacht mich wand.
Willst und kannst du dies, so bleib
Ich wie ehedem dein Weib; -
Wähl', du stehst am Scheidewege!

BRAND.
Weh', wenn ich noch überlege!
Und doch winkten fern von hier,
Heilend jede Herzenswunde,
Leben dir und Licht im *Bunde.*

AGNES.
Kläng' dir nicht aus Grabesgrunde

Stets dann ein "Du gingst von mir"?
Würd'st du dann den tausend Seelen,
Deren Hort du hier, nicht fehlen, -
Die zu liebendem Umfassen
Gott dir gab in Heg' und Pflege?
Wähl', du stehst am Scheidewege!

BRAND.
Mir ist keine Wahl gelassen.

AGNES *(wirft sich an seine Brust.)*
Dank für alles - und dies Letzte!
Treulich halfest du der Schwachen!
Wenn es naht, das mir Gesetzte,
Wirst du treulich bei mir wachen.

BRAND.
Schlaf'! Dein Tagwerk ist zu End'.

AGNES.
Aus, - ja; und das Nachtlicht brennt.
Ach, mich hat des Kampfes Macht
Ganz von aller Kraft gebracht;
Oh, doch leicht sind Gottes Strafen!
Brand, gut' Nacht!

BRAND. Gutnacht!

AGNES. Gutnacht,
Dank für alles! Und nun - schlafen!
(Ab.)

BRAND *(presst die Hände gegen die Brust.)*
Herz, bleib treu dem höchsten Richter!
Sieger werden nur *Verzichter.*
Erst Verlornes wird Erworbnes; -
Ewig lebt dir nur Gestorbnes!

Fünfter Akt

Anderthalb Jahre später. Die neue Kirche steht vollständig fertig und zur Einweihung geschmückt. Der Bach rinnt dicht vorbei. Es ist früher nebliger Morgen.

Der Küster *ist dabei, vor der Kirche Kränze aufzuhängen; bald darauf kommt der* Schulmeister *hinzu.*

DER SCHULMEISTER.
Schau', schau', schon auf?

DER KÜSTER. Tut not genug!
Helft mit! Hier zwischen diese Stangen
Soll Laub als Gasse für den Zug.

DER SCHULMEISTER.
Beim Pfarrhaus wird was aufgehangen, -
Das schließt mit einem runden Rahmen -

DER KÜSTER.
Ei wohl, ei wohl!

DER SCHULMEISTER.
Zu welchem End'?

DER KÜSTER.
Ein Ehrenschild, wie man es nennt,
Soll da hinein, mit seinem Namen.

DER SCHULMEISTER.
Ja, heut wird's bunt in der Gemeine!
Sie kommen aus dem ganzen Kreis;
Von Segeln ist der Fjord schier weiß.

DER KÜSTER.
Ja, jetzt sprang alles auf die Beine;
Zu seines sel'gen Vorfahrs Zeit
War Fried' und Eintracht weit und breit;
Da schlief man selbst, da schlief der Nachbar; -
Ich weiß nicht, was da *mehr* mitmachbar.

DER SCHULMEISTER.
Das Leben, Freund, das Leben!

DER KÜSTER. Gut!
Doch *uns* versehrt es nicht das Blut;
Wie kommt das wohl?

DER SCHULMEISTER. Weil ich und Ihr
Uns plagten, bis der Nachbar schlief; -
Nun, da er wach ward, schlafen wir; -
Denn niemand wünscht uns mehr aktiv.

DER KÜSTER.
Doch *leben* hätte mehr Verstand?

DER SCHULMEISTER.
So sagt Herr Propst und Pfarrer Brand;
Ich selber sage ganz das gleiche, -
Doch, wohl zu merken, damit reiche
Ich nur der großen Zahl die Hand.
Uns aber gilt ein Hirtenbrief,
Der nicht wie Sonn' und Mond zu sehen; -
Die wir hier als Beamte schalten,
Wir müssen stramm dawider halten,
Ein Hort der Kirchenzucht und Wissenschaft sein,
Zur Leidenschaft stets zu gewissenhaft sein,
Kurz, über den Parteien stehen.

DER KÜSTER.
Jedoch der Pfarrer steht nicht drüber.

DER SCHULMEISTER.
Das ist just eben, was er sollte.
Wisst, seine Vorgesetzten sind
Zu seinem Tun durchaus nicht blind;
Und wenn ihn nicht das Volk so wollte, -
Längst hätt' er seinen Abschiedsstüber.
Doch er ist fein, er riecht den Pfeffer,
Er kennt die Welt und seine Treffer.
Er baut die Kirche. Jeder Zahn wird
Hier stumpf, sobald nur was getan wird.
Was da getan wird, wenig wiegt es;
Das was getan wird, - seht, da liegt es!
Wir heißen sicher einmal spätern
Ein einziges Geschlecht von Tätern.

DER KÜSTER.
Ja, Ihr, die Ihr im Reichstag wart,
Ihr kennt das Volk und seine Art.
Doch einer, der durchs Kirchspiel reiste,
Just als es wach ward, kurzum, preiste,
Wir wär'n aus Schläfern, hier im Norden,
Ein Volk nun von - Gelobern worden.

DER SCHULMEISTER.
Ja, das Geloben liebt's und übt's,
Dies Volk, ein Volk, gelobend bass,
Ein Volk, so rasch entwickelt, dass
Bald Jeder Dolmetsch des Gelübd's.

DER KÜSTER.
Um Euch studierten Mann zu fragen, -
Was ist - mein Grübeln zu belehren -
Ein Volksgelübde, sozusagen?

DER SCHULMEISTER.
Ein Volksgelübd'? Schwer zu erklären,
Wie leicht, als seiend zu bescheinigen.

Das ist was, drin sich alle einigen
Kraft einer einigen Idee;
Das Volk will, dass ein Werk gescheh' -
In seiner *Zukunft* notabene.

DER KÜSTER.
So; schön; das leuchtet mir nun ein;
Hingegen ist mir noch nicht klar -
Ich meine, - ja, - um welches Jahr -

DER SCHULMEISTER.
Sprecht ruhig aus!

DER KÜSTER. Wann bricht nun jene
Zeit, die man Zukunft nennt, herein?

DER SCHULMEISTER.
Die Zeit kommt niemals!

DER KÜSTER. Niemals?

DER SCHULMEISTER. Nein!
Und das ist ganz in seiner Art;
Denn kommt sie, ist sie *Gegenwart*
Geworden, - ist nicht Zukunft mehr.

DER KÜSTER.
Hm, das begreift sich nicht zu schwer;
Nur darin fehlt mir noch die Klarheit: -
Wann wird dann solch ein Volksschwur Wahrheit?

DER SCHULMEISTER.
Ich hab' Euch doch gesagt: solch Schwur
Bezieht sich auf die Zukunft nur;
Nun also: in der Zukunft!

DER KÜSTER. Ja, -
Doch sagt, wann ist die Zukunft da?

DER SCHULMEISTER *(leise.)*
Das ist ein Küster!
(Laut.)
Liebster Mann,
Soll ich's aufackern wiederum, -
Dass Zukunft niemals da sein kann;
Denn wenn sie da ist, ist sie um!

DER KÜSTER.
Hm!

DER SCHULMEISTER.
Hinter jedes Dings Begriff
Verbirgt sich eine Art von Kniff.
Jedoch es ist kein Kniff dabei,
Das heißt, für männiglich, - so sei
Bemerkt, - so weiter zählt als drei.
Gelübde heißt im Grund Gelüge,
Sei gleich, wer's ablegt, völlig ehrlich;
Bislang galt Halten für beschwerlich, -
Doch mag's dreist gelten für undenkbar, -
Sofern man ist von Logik lenkbar.
Doch lassen wir die hohen Flüge.
Hört, sagt mir -?

DER KÜSTER. Pst!

DER SCHULMEISTER. Was ist das?

DER KÜSTER. Still!

DER SCHULMEISTER.
Es spielt, wie mich bedünken will,
Wer auf der Orgel.

DER KÜSTER. Das ist er.

DER SCHULMEISTER.
Der Pfarrer?

DER KÜSTER. Freilich.

DER SCHULMEISTER. Hol' mich der -!
Was den so früh schon hergeführt hat!

DER KÜSTER.
Ich glaube kaum, dass er die Nacht
Sein geistlich Bett auch nur berührt hat.

DER SCHULMEISTER.
So!

DER KÜSTER.
Ja, das geht noch schlimm, gebt acht!
Man merkt, wie's heimlich an ihm frisst,
Seitdem er nun verwitwet ist.
Wohl wahr; er sagt Euch nie ein Wort!
Doch bricht's hervor, bald hier, bald dort.
Da spielt er. Hört nur, hört! Man meint,
Dass er um Frau und Söhnchen weint.

DER SCHULMEISTER.
Schier dass man Stimmen unterscheidet -

DER KÜSTER.
Und eine tröstet, eine leidet -

DER SCHULMEISTER.
Ging's an, ich würde gleich gerührt!

DER KÜSTER.
Ja, wenn man nicht Beamter wär'!

DER SCHULMEISTER.
Und eingezwängt und eingeschnürt
Von Rücksicht auf die Standesehr'!

DER KÜSTER.
Ja, bliese gleich des Satans Nüster
Auf all den Bücherlug und -trug!

DER SCHULMEISTER.
Und wär' man nicht so suppenklug;
Und dürft' man einmal *fühlen*, Küster!

DER KÜSTER.
Freund, niemand sieht uns, - lasst uns fühlen!

DER SCHULMEISTER.
Das schickte sich, so in der Sphäre
Des Volkes sich herumzusühlen!
Ein Mann such', nach des Pfarrers Lehre,
Niemals in Zweiem seine Ehre;
Selbst wer da will, kann nicht auf ein
Mal Mensch und Staatsbeamter sein;
Man mag sich nur in allen Stücken
Das Bild des Vogts vor Augen rücken.

DER KÜSTER.
Just seins?

DER SCHULMEISTER.
Nun, nehmt zum Gegenstand
In der Vogtei die Unglücksnacht, - und
Wie das Archiv herausgebracht und
Gerettet ward!

DER KÜSTER. Das war ein Brand!

DER SCHULMEISTER.
Wie da der Mann zu helfen strebte!
Es war, als ob er zehnfach lebte!
Der Teufel aber stand im Zimmer;
Sein Weib - ihn sehn! und ein Gewimmer -:
"Dein Seelenheil! Dein ewig Teil!
Der Schwarze will dir an den Kragen!"
Da ruft der Vogt, beherzt wie immer:
Mein Heil? Zur Höll' mit meinem Heil!
Helft mir bloß das Archiv wegtragen!
Der Mann ist Vogt, seht, ganz und gar,
Mit Leib und Leben, Haut und Haar,
Und wird auch einst dahin gelangen,
Wo Lob und Lohn ihn laut empfangen.

DER KÜSTER.
Und das ist wo?

DER SCHULMEISTER.
Gegebnerweis':
In guter Vögte Paradeis.

DER KÜSTER.
Mein kluger Freund!

DER SCHULMEISTER. Was gibt's?

DER KÜSTER. Es tagt
Da hinter allem, was Ihr sagt,
Von Zeichen, dass die Zeit in Gärung;
Denn Gärung ist hier, ganz gewiss;
Das kündet schon der große Riss,
Den's zwischen Alt und Neuem gab.

DER SCHULMEISTER.
Was schimmelt, muss hinab ins Grab,
Was fault, dient Frischem zur Ernährung; -
Die Brust der Zeit höhlt Schwindsuchtsfieber;
Und hustet sich der Hals nicht Luft, -
Dann nur gleich alles in die Gruft!
Ja, Gärung, Gärung ist hier, Lieber;
Das schmeckt der schlechtste Karrenschieber.
Als unser altes Kirchlein sank,
Da war's, als würd' nun alles schwank,
Drin unser Leben bis zur Stund'
Sein Heim gehabt und seinen Grund.

DER KÜSTER.
Da fiel ein Schweigen auf die Menge.
Erst hatte sie: Reißt ein! geschrien,
Doch hielt das Schrei'n nicht auf die Länge,
Und manchem wurd' doch schwül und schien
Doch der Verlust schier unersetzlich.
Man sah: Nun war's mit all dem aus;
Und plötzlich klang's, das alte Haus
Wär' eigentlich doch unverletzlich.

DER SCHULMEISTER.
Doch fühlte sie so lang' sich noch
In des vergangnen Geistes Joch,
Als nicht das Schloss der neuen Zeit
Nach Fug und Recht war eingeweiht,
Und merkte drum mit Angst und Harren
Auf jeden frisch gefügten Sparren
Und sah gespannt dem Tag entgegen,
Der alter Fahnen Niederlegen
Und neuer Fahnen Hissen fände.
Allein schon wie der Turm anstieg,
Wurd' bang und bänger man - und schwieg;
Und jetzt - ja, jetzt stehn wir am Ende.

DER KÜSTER *(zeigt nach der Seite hinaus.)*
Seht nur die Masse! Weit und breit ist
Herbeigeströmt.

DER SCHULMEISTER.
Zu Tausenden!
Wie still es ist!

DER KÜSTER. Und doch: Wie wenn
Das Meer vor einem Sturm dumpf dröhnt!

DER SCHULMEISTER.
Das ist des Volkes Herz, das stöhnt, -
Ein Herz, das nun wohl bald so weit ist,
Zu würdigen, wie groß die Zeit ist.
Ist's nicht, als ob zum Thing sie führen,
Sich einen neuen Gott zu küren!
Wo blieb der Pfarrer? Mir ist kraus;
Ich wollt', ich säß' versteckt zu Haus!

DER KÜSTER.
Ich auch, ich auch!

DER SCHULMEISTER.
In solcher Stund'
Erpeilt man nicht den eignen Grund;
Tief geht's und immer tiefer nieder;
Man sinkt, man sträubt sich, sinket wieder -

DER KÜSTER.
Freund!

DER SCHULMEISTER.
Bruder!

DER KÜSTER. Hm.

DER SCHULMEISTER. Nun - ?

DER KÜSTER. 's ist vergeblich - !
Ich glaub', jetzt *fühlen* wir buchstäblich!

DER SCHULMEISTER.
Was? *Ich* nicht!

DER KÜSTER. Mit Verlaub, auch *ich* nicht!
Ein Zeugnis fällt uns sicherlich nicht!

DER SCHULMEISTER.
He, sind wir Weiber, so zu kohlen?!
Die Schule wartet. Gott befohlen!
(Ab.)

DER KÜSTER.
Jetzt bin ich wieder kühl im Kopf
Und zugeschraubt wie'n Eisentopf.
Was träumt' ich da, ich Narr, ich blöder!
Fort an die Arbeit, dummer Tropf!
Müßiggang ist des Teufels Köder.
(Nach der andern Seite ab.)

Die Orgel, welche während des Vorhergehenden gedämpft geklungen hat, erbraust mit einem Male mächtig und endet mit einem schneidenden Misslaut. Bald darauf tritt Brand *aus der Kirche.*

BRAND.
Nein! die Orgel will nicht klingen,
Lässt sich nicht zum Sprechen zwingen,
Jeder Laut wird Qual und Pein;
Bogen, Wölbung, Wände legen,
Stemmen starr sich mir entgegen,
Hammern hölzern alles nieder,
Klemmen, klammern meine Lieder,
Wie ein Sarg sein Opfer, ein.

Welche Stimmen ich auch lockte,
Sich das Werk nur mehr verstockte.
Laut auf sang ich mein Gebet,
Doch zerbrach's am Deckenpfosten,
Wie von Glocken, alt und rosten,
Dumpf, hohlbrüstig Stöhnen geht.
Und mir war's, Gott selber stand
Auf dem hohen Chor anklagend,
Mit ergrimmter Richterhand
Mein Gebet zu Boden schlagend.
Groß gebaut werd' Gottes Haus,
Schwor ist einst, erregten Blutes;
Fällte, rodete, riss aus,
Allzu selbstgewissen Mutes.
Heute reut mich fast des Baus.
Alle ziehn die Häupter bloß,
Jeder schreit: Wie groß! Wie groß!
Ob man's besser dort verstehn kann,
Als ich hier, der ich's nicht sehn kann?
Ist sie groß? Sind diese Wände,
Was ich war zu bau'n gewillt?
Hat dies Holz der Sehnsucht Brände,
Die nach ihm gelechzt, gestillt?
Gleicht dies Haus dem Tempelbild,
Das mein Geist sich hehr erhöhte, -
Jenem Weltdom aller Nöte? -
Hm, wär' Agnes noch am Leben,
Wär's nicht so. Im kleinsten Kleinen
Sah sie noch des Großen Flamme,
Mochte meine Zweifel heben,
Erd' und Himmelszelt vereinen
Wie ein Laubdach überm Stamme.
(Bemerkt die Anstalten zum Fest.)
Kränze, Fahnen überall;
Aus der Schule Liederschall;
Alle sind auf mich erpicht;
Vor dem Pfarrhaus staut sich's brausend, -
Prahlt mein Nam' in Gold dort nicht?

Gott, gib Kraft, - sonst stürz' mich tausend
Klafter unters Tageslicht!
Bald nun schlägt des Festes Stunde;
Ich bin jetzt in aller Munde,
Und in aller Herzen ich nur!
Was sie denken, oh, ich weiß es;
Ah, wie ihr begeistrungsheißes
Loblied, das auf mich nur lauert,
Mir das Herz wie Frost durchschauert!
Könnt' man sich, oh könnt' man sich nur
In des tiefsten Dickichts Hecken
Wie ein wildes Tier verstecken!

DER VOGT *(kommt in voller Uniform und grüßt, vor Freude strahlend.)*
Da brach der große Tag herein,
Der Sabbath nach dem Wochenlauf,
Jetzt holen wir die Segel ein
Und ziehn den Sonntagswimpel auf
Und gehn vorm Strome, sanft und sacht,
Und sehn, wie alles gut gemacht.
Viel Glück, Sie edler, großer Mann,
An dem das Land sich freuen kann!
Viel Glück! Ich fühl' mich ganz gerührt
Und doch auch wieder schrecklich froh!

BRAND.
Mir ist der Hals wie zugeschnürt.

DER VOGT.
Ei, Bester, das ist bald gewichen!
Nur immer tüchtig losposaunet,
Und 's Maß dem Volk recht voll gestrichen!
Die Resonanz ist hier ja so,
Dass jeder, den ich fragte, staunet,
Bass staunet -

BRAND. So?

DER VOGT. Der Propst sogar
Erfand sie jedes Tadels bar.
Und welch ein Stil voll Harmonie!
Und in den Formen ausnahmslos
Welch großer Zug -

BRAND. Das merkten Sie?

DER VOGT.
Was merkt' ich?

BRAND. Dass ihr Anschein groß?

DER VOGT.
Nicht bloß ihr Anschein, - das sie's *ist*,
Von welchem Punkt man sie auch misst.

BRAND.
Sie *ist* es? Schmeicheln Sie nicht bloß - ?

DER VOGT.
Zum Donnerwetter *ist* sie groß, -
Zu groß für unsern Nordlandsort!
In andern Ländern, wo man's kann,
Da legt man höhern Maßstab an,
Doch hier, wo - zwischen Wellen dort
Und Bergen da - des Spatens Stoß
Auf Fels nur klirret, kläglich Los,
Hier ist sie groß, mein heilig Wort!

BRAND.
Ja, ja, so ward die alte Lüge
Durch eine neue nur ersetzt.

DER VOGT.
Was nun?

BRAND. So fühlt das Volk sich jetzt,
Statt durch der Vorzeit morsch Gefüge,
Durch ein modern Getürm ergetzt.
Einst scholl's im Chorus: Wie ehrwürdig!
Jetzt brüllt der Chorus: Schaut, wie groß, -
Welch Prunkstück fiel uns in den Schoß!

DER VOGT.
Mein lieber Freund, ich sag' nur dies:
Wer sie noch größer wollt', wär' würdig,
Dass man's als Hochmut ihm verwies'.

BRAND.
Doch jedem werde reiner Wein:
Die Kirch', wie sie hier steht, ist klein; -
Das einem hehlen, hieße lügen.

DER VOGT.
So seines Lohns sich zu betrügen!
Potz Grillen! Tut man das in Acht,
Was man mühselig selbst gemacht?
Der schlichte Mann ist so zufrieden;
Mit offnem Munde steht er da,
Weil er noch nie dergleichen sah; -
So bleib' ihm doch sein Glück beschieden!
Warum den armen Teufel wecken
Und ihm durchaus ein Licht aufstecken,
An dessen Schein ihm gar nichts liegt?
Nein, was sein Glaube sagt, das wiegt.
Das kommt im Grund auf eins hinaus,
Ob Gotteshaus, ob Hundehaus, -
Genug, wenn Seel' für Seele bloß
Des Glaubens lebt: Das Haus ist groß.

BRAND.
Allüberall die gleiche Lehre!

DER VOGT.
Zudem sind an dem heutigen Feste
All diese Seelen unsre Gäste,
Wobei's höchst ungebührlich wäre,
Bespeisten wir sie nicht aufs Beste.
Ja, Ihrethalben selbst, des weitern
Wär's widersinnig, ließe man
Die Beule jener Wahrheit eitern.

BRAND.
Was heißt das?

DER VOGT. Hören Sie mich an.
Erst wird von unserm Vorstand Ihnen
Ein silberner Pokal verehrt;
Zerstör'n Sie nun der Kirche Wert,
So wird die Inschrift harlekinen;
Sodann das Festlied, das gedichtet,
Die Rede, die ich halten wollte,
Sie wären beide gleich gerichtet,
Wenn dieser Bau nicht groß sein sollte.
Sie sehn, Sie müssen sich wohl fügen.
Die Ohren steif, es wird schon gehen!

BRAND.
Ich seh' nur, was ich oft gesehen, -
Ein Lügnerfest zum Preis von Lügen.

DER VOGT.
Davor bewahr' der Himmel jeden; -
Was führen Sie denn da für Reden!
Doch die Geschmacksfrag' hab' ein End';
Ich habe noch ein Argument; -
War jenes Silber, dies ist Gold;

Denn, wie Sie nun einmal ein Schnitter
Im Weingeländ' des Glücks sind, rollt
Auch diesmal - - kurz: - Sie werden Ritter!
Sie soll'n noch heut als Ordensmann
Das Kreuz auf Ihre Rockbrust steppen.

BRAND.
Ich hab' ein schwerer Kreuz zu schleppen;
Nehm' das von mir, wer mag und kann.

DER VOGT.
Was nun? Sie freu'n sich wohl im *Stillen*?
Rührt Sie denn nicht dies Gnadenzeichen?
Sie sind ein Rätsel ohnegleichen!
Bedenken Sie, um Gottes willen -

BRAND *(stampft auf.)*
All dies Geschwätz ist eitler Kram;
Ich geh' davon, so klug ich kam.
Sie haben nichts von dem entdeckt,
Was hinter meinen Worten steckt.
Die Größe schafft mir wenig Gram,
Die Euch nach Fuß und Zoll bezahlt wird, -
Was unsichtbar zurückgestrahlt wird,
Uns kalt durchschaudert, heiß durchzittert,
Mit jedem hohen Traum umwittert,
Wie nächt'ger Sternenglanz durchglüht, -
Das, das -! Ah, gehn Sie! Ich bin müd':
Und lehr'n und tun Sie, was Sie wollen -
(Geht nach der Kirche hinauf.)

DER VOGT *(vor sich hin.)*
Wer rettet sich aus diesem tollen
Gewirr? Was sagst du, lieb Gemüt,
Zu Größe, die zurückgestrahlt wird,
Die nicht nach Fuß und Zoll bezahlt wird?
Und nächtiger Sternglanz? - Faule Fische!

Er kam doch nicht vom Früchstückstische?
(Ab.)

BRAND *(kommt den Platz herab.)*
So einsam hab' ich nie gestanden
Im wildesten Gebirg wie hier; -
So lässt man jede Frage mir
Im seichtesten Gewäsch versanden.
(Blickt nach der Richtung, in der der Vogt verschwunden ist.)
Zudrosseln möcht' ich ihm die Kehle!
So oft ich seinen dumpfen Sinn
Emporziehn will, Narr, der ich bin,
Speit er mir seine stinkende Seele
Frech mitten vor die Augen hin.
Oh Agnes, warum bliebst du nicht!
Wie mir dies Spiel die Kraft zerbricht,
Wo Flüchtling keiner, keiner Sieger -.
Ja, fruchtlos kämpft ein einsamer Krieger.

DER PROPST *(tritt auf.)*
Oh meine Kinder, mein Lämm -!
Ich wollte sagen - Amtskollege!
Verzeihung! Doch das Fest - hem, hem -
Die Predigt - ist in einem rege.
Ich bracht' sie gestern schon zu Kopf,
Doch steckt sie mir noch frisch im Kropf.
Doch nun vor allem meinen Dank!
Sie brachen hier mit männlichem
Vertraun sich Bahn durch Rank und Zank,
Sie wagten Altes zu zerschellen,
Um Würdigeres hinzustellen.

BRAND.
Da fehlt noch viel.

DER PROPST. Das sollte doch - !
Ich dächte - nur die Weihe noch?

BRAND.
Was frommt ein Neubau, fehlt darin
Der neue Geist, der reine Sinn!

DER PROPST.
Das kommt, mein Freund, ganz nebenbei.
Der Decke saubre Schnitzerei,
Der helle Raum, - ei, das erzieht,
Dass auch das Volk mehr auf sich sieht.
Und gar die schöne Resonanz,
Die jedes Wort zu zweien macht,
Was meinen Sie! Verhundertfacht
In jeder Brust des Glaubens Glanz.
Wir stehn hier, traun, vor Resultaten,
Wie sie sogar in großen Staaten
Nicht besser zu erzielen wären.
Und all das spricht zu *Ihren* Ehren.
Umschwebe Sie denn auch mein steter
Amtsbrüderlicher Dank, dem später,
Am Mittagstisch, von jüngern Kräften
Des Stifts (aufstell' ich die Bilanz)
In Ihrem Ruhm- und Ehrenkranz
Manch Lorbeerblatt noch anzuheften.
Doch, lieber Brand, Sie taumeln schier - ?

BRAND.
Schon längst wich Kraft und Mut von mir.

DER PROPST.
Begreiflich! So viel Mühn und Plagen!
Und alle ganz allein getragen!
Doch sind sie jetzt ja überwunden;
Getrost! Schon winken bessre Stunden;
Bald wird der Himmel wieder klar.
Von mehren Tausend eine Schar
Ist aus den Sprengeln rings erschienen;
Nun frag' ich Sie, wer nimmt's mit Ihnen

An Geist und Rednergaben auf?
Sehn Sie, der Amtsgenossen Hauf'
Empfängt Sie nun mit offnen Armen,
Und die Gemeind' lässt ihrem warmen
Gefühl für Sie ergriffen Lauf!
Und dann das Werk selbst, - wie's geglückt ist!
Und dann, - wie alles schön geschmückt ist!
Und dann des Tages Text, - wie groß!
Und dann der Festschmaus, - beispiellos!
Just als ich durch die Pfarre flitzte,
Sah ich, wie man das Kalb aufschlitzte.
Beim Himmel, Brand, ein köstlich Tier!
Das mocht' nicht leicht sein, sagt' ich mir,
Solch leckern Braten aufzutreiben,
In diesen Läuften, ernst und schwer,
Da wir das Pfund vier Kronen schreiben.
Doch lassen wir nun diese Bilder.
Mich führen and're Dinge her.

BRAND.
Nur los geschlitzt, gehackt, zerfetzt!

DER PROPST.
Mein Vorgangsmodus, Freund, ist milder.
Doch bündig; - denn wir sind gehetzt;
Es ist ein kleiner Punkt, worin
Sie sich von heut ab ändern müssen, -
Ein Leichtes, wie ich sicher bin.
Ja, ich vermute fast, Sie wissen
Schon, wo wir nicht zusammenpassen:
Darin, wie Sie Ihr Amt auffassen.
Sie kümmern sich nicht einen Hauch
Um das, mein Freund, was Schick und Brauch;
Und Schick und Brauch, das ist, ich meine,
Denn doch im Grund das Allundeine.
Du lieber Gott, ich will nicht schelten,
Da man noch nicht Erfahrung hat, -

Auch kommt man aus der großen Stadt
Und findet hier ganz andre Welten.
Doch jetzt, mein Freund, jetzt wird es wichtig,
Sie stell'n die Segel endlich richtig.
Man fand bisher mit Recht, Sie lägen
Zu sehr der Einzelseele ob.
Der Fehler - unter uns! - ist grob.
Man muss sie massenweise wägen.
Man scher' sie all' mit *einem* Kamm,
So fährt am besten Hirt wie Lamm.

BRAND.
Erklären Sie sich näher!

DER PROPST. Nun,
Sie schenkten uns, in frommem Tun,
Die Kirche hier, als wie ein Kleid
Der Friedlich- und Gerechtigkeit.
Der Staat sieht in der Religion
Den besten Weg zum guten Ton, -
Den Hort, dem er sein Heil empfahl, -
Kurzum, die Richtschnur der Moral.
Sehn Sie, der Staat ist knapp gestellt;
Er will Valuta für sein Geld.
Ein Christ, - so heißt's, - ein Patriot.
Der Fiskus wirft sein Geld doch nicht
Gott und den Leuten ins Gesicht;
Umsonst, mein Freund, ist nur der Tod.
Nein, nein, der Staat ist nicht so toll.
Und bald wär's Land von Elend voll,
Wenn *er* nicht, von erhabner Stätte,
Sein Aug' auf alles Leben hätte.
Doch dies gelingt dem Staat nur kraft
Pflichtwilliger Beamtenschaft,
Hier also: seiner Seelenhirten.

BRAND.
Jedwedes Wort ist Weisheit!

DER PROPST. Nur
Ganz kurz noch. Also, Sie bewirten
Ihn mit der Kirche, sozusagen,
Und wünschen folglich beizutragen
Zu seiner Stärkung und Kultur.
In diesem Sinn möcht' ich das Fest,
Das wir heut feiern wollen, deuten,
In dem, wie man die Glocken läuten,
Den Schenkungsbrief verlesen lässt.
Mit diesem Brief zugleich geloben
Sie, auf mein Fordern einzugehn -

BRAND.
Ich wär' nicht ich, wenn ich dies tät'!

DER PROPST.
Ja, jetzt, mein Freund, ist es zu spät -

BRAND.
Zu spät? Zu spät! Das möcht' ich sehn!

DER PROPST.
Ich bitte Sie, wozu dies Toben?
Kalt Blut! Ich lache schier! Je nun,
Sie soll'n doch gar nichts Schlimmes tun!
Kein einziger fährt minder gut,
Weil auch dem Staat dabei genug wird;
Sie dienen, wenn Ihr Sinn nur klug wird,
Zwei Herren unter einem Hut.
Den Jakob oder den Johann
Zu retten, ist nicht Ihres Amtes;
Ihr Ziel muss sein, dass Ihr gesamtes
Kirchspiel am Heilsquell trinken kann.
Und trinkt der ganze Kreis sich Heil,

Wird auch dem einzelnen sein Teil.
Der Staat ist, dünkt Sie das auch spanisch,
Aufs Härchen *halb* republikanisch.
Die Freiheit hasst er bis aufs Blut;
Die Gleichheit aber schmeckt ihm gut;
Doch Gleichheit kann nicht sein, bevor
Nicht, was uneben, glattgebohnt wird.
Und hierin hau'n Sie 'n übers Ohr, -
Indem von Ihnen das Unebne
Und nie bislang Bekanntgegebne
Im Gegenteil gerad' betont wird.
Einst war der Mensch der Kirche Glied,
Heut pfeift er sein persönlich Lied;
Dabei dem Staat ein schlechter Knappe;
Weshalb es denn auch heut so schwer ist,
Den Gleichheitsbeitrag abzuführen,
Nebst all den sonstigen Gebühren,
Indem die Kirche heut die Kappe
Für alle Köpfe längst nicht mehr ist.

BRAND.
Oh, welche Fernsicht öffnet sich!

DER PROPST.
Nur nicht verzagt, nur nicht erkaltet;
Obwohl unleugbar ist, hier waltet
Ein Wirrwarr, der ganz lästerlich.
Doch Hoffnung ist, wo Leben ist;
Und nach dem Schenkungsakt bemisst
Sich Ihre Pflicht, in Zukunft enger
Zum Staat zu stehn, nur um so strenger.
Nur Maß und Regel führt zum Ziel,
Soll nicht versprengter Kräfte Spiel,
Als wie ein Rudel rüder Fohlen,
Der Überliefrung Grenzmarkzeichen
Zerstörend nahen und entweichen.
Aus jeder Ordnung Fundament

Ist *ein* Gesetz emporzuholen:
Das, was die Kunst als Schule kennt,
Und unser Kriegerstand, so viel
Mir noch bewusst, Tritt halten nennt.
Ja, *dies*, mein Freund, dies ist das Wort!
Dort liegt des Staates Ziel, nur dort.
Den Springmarsch wär' er gerne quitt;
Marsch auf der Stelle g'nügt ihm nit; -
Für jeden Fuß den gleichen Schritt,
Den gleichen Takt für jedes Knie, -
So will's des Staats Philosophie.

BRAND.
Dem Aar die Gosse - und dem Volke
Der Gänse Berg und Wetterwolke!

DER PROPST.
Der Mensch ist, Gott sei Dank, kein Tier; -
Doch braucht es Poesie und Fabel,
Versieht uns wohl die Bibel. Ihr
Belegstoff reicht. Sie wimmelt schier
Von Genesis bis Offenbarung
Von Bild und Gleichnis und Parabel.
Zum Beispiel, ich erinn're bloß
An den geplanten Turm zu Babel!
Was ward der guten Leute Los?
Welch höchst trübselige Erfahrung!
Und das warum? Nun, sie entzweiten
Sich, schwammen nicht in einem Strom,
Verfochten jeder sein Idiom,
Kurz, wurden zu Persönlichkeiten.
Das ist der eine von den Kernen,
Die dieser Fabel Schale birgt:
Wer sich von andern will entfernen,
Der hat sein Heil schon halb verwirkt.
Wem Gott missgönnt vom Freudenquell,
Den schafft er individuell.

In Rom hieß es sotanen Falles:
Die Gottheit nahm ihm den Verstand; -
Doch toll und einsam, eins ist alles;
Und drum kein Mann auf eigne Hand,
Dem nicht die gleichen Lose drohten,
Die der, den David einst als Boten
Absandte, - die *Uria* fand.

BRAND.
Wohl möglich; aber, was auch droht,
Ich schau' nicht Untergang im Tod.
Und halten Sie für festgesetzt,
Dass jenen Bauenden zuletzt
Mit gleicher Sprache, gleichem Sinne
Geglückt wär', ihres Turmes Zinne
Bis in den Himmel aufzurichten?

DER PROPST.
Bis in den Himmel? Nein, mitnichten;
Denn der wird keinem Menschen inne.
Das ist der andre von den Kernen,
Die dieser Fabel Schale birgt:
Ein Bau hat schon sein Recht verwirkt,
Will er hinauf bis zu den Sternen.

BRAND.
Doch Jakobs Leiter übertürmt sie;
Und jeder Seele Sehnsucht stürmt sie.

DER PROPST.
Auf *die* Art! Soll mich Gott bewahren!
Da lässt sich alles weitre sparen.
Gewiss, der Preis der Himmels steht
Auf rechtem Wandel und Gebet.
Doch Glaub' und Leben zu verquicken,
Das hieß' nur beide schlecht beschicken; -
Sechs Tage der Geschäfte Führung,

Den siebenten des Herzens Rührung!
Was gäb' die Kirche, werktags offen,
Der Sonntagspredigt noch zu hoffen?
Es schwächt des Wortes Läutrungskraft,
Verschänkt man's nicht als seltnen Saft.
Religion sowohl wie Kunst
Verfliege nie zu breitem Dunst.
Sie sehn Ihr Ideal genau
Von Ihrer Kanzel Vogelschau, -
Doch tun Sie's ab, samt Ihrer Tracht,
Sobald die Kirchtür zugemacht.
Für alles gilt nun mal der Satz,
Der Hauptsatz: Lerne Dich beschränken.
Und dass Sie dies recht in sich tränken,
Erschien ich heut hier auf dem Platz.

BRAND.
Nun denn, in diese Seelenbütten
Des Staats weiß *ich* kein Korn zu schütten.

DER PROPST.
Ich kam zu umgekehrten Schlüssen.
Nur ist Ihr Feld hier nicht. Sie müssen
Empor -

BRAND. Wozu, als Vorstuf', not,
Dass man hinabstößt mich in Kot?

DER PROPST.
Erhöht wird oft, wer sich erniedert;
Kein Star spricht, der nicht erst entfiedert.

BRAND.
Ihr müsst, wen Ihr gebraucht, erst töten!

DER PROPST.
Da sei Gott vor; - Sie meinen, Brand,
Ich wollte Sie - ?

BRAND. Ja! Immer röten
Sie erst an meinem Blut die Hand!
Man passt nur noch als fahl Skelett
Auf Euer Faul- und Fäulnisbett!

DER PROPST.
Ich lass', weiß Gott, nicht einer Katze
Zur Ader - und nun Ihnen gar!
Ich dachte nur, es wär' am Platze,
Stellt' ich den Lauf des Weges dar,
Der einst *mein* Weg zum Glücke war.

BRAND.
Und wissen Sie, was Sie da sagen?
Ich soll, beim ersten Hahnenschrei
Des Staats, verleugnen das, wobei
Mein Herz bis heute hoch geschlagen!

DER PROPST.
Verleugnen, Freund? Wer davon spricht!
Ich wies Sie nur auf Ihre Pflicht.
Sie soll'n die Weltverbessrungs-Mucken,
Die niemand frommen, in sich schlucken.
Bewahr'n Sie sie zum Selbstgenuss, -
Doch unter luftdichtem Verschluss!
Meinthalben schwärmen Sie inwendig,
Doch niemals offen vor der Menge.
Mein Freund, es straft sich auf die Länge,
Beträgt man starr sich und unbändig.

BRAND.
Ja, Furcht vor Strafe, Gier nach Lohn
Kainszeichnen deine Stirn und klagen

Dich an, dass du, in Eintagsfron,
Den Abel in dir längst erschlagen.

DER PROPST *(für sich.)*
Jetzt sagt er, meiner Seel', gar "du";
Das geht zu weit!
(Laut.)
Nun denn, wozu
Noch länger streiten! Sie verstehn,
Dass ich Sie bitte, einzusehn, -
Gesetzt, Sie wollen vorwärtskommen, -
In welchem Land, in welcher Zeit
Sie leben; denn es kam nie weit,
Wer störrisch widern Strom geschwommen.
Sehn Sie die Künstler, die Poeten
Dem Geist der Zeit entgegentreten?
Ziehn unsre Krieger aus den Scheiden
Je Säbel, die da wirklich schneiden?
Niemals! Denn ein Gebot dich heißt:
Schick' dich in deines Landes Geist.
Sein Ich soll keiner frei entfalten,
Noch sich erhöhn, noch ab sich spalten,
Vielmehr sich schlicht im Haufen halten.
Human sind, sagt der Vogt, die Zeiten:
Was hätten Sie für Möglichkeiten,
Verständen Sie sie bloß human!
Drum erst die Kanten abgeschroten,
Und abgehobelt Knorr' und Knoten!
Erst wenn Sie glatt sind, wie die andern,
Und nie mehr Sonderwege wandern,
Wird, was Sie tun, zu Nutz getan.

BRAND.
Fort, fort von hier!

DER PROPST. Ja, das ist wahr;
Ein Mann wie Sie ruft offenbar

Nach einem bessern Wirkungskreis;
Doch müssen Sie, verständiger Weis',
Ob groß nun Ihr Gebiet ob klein,
Erst in die Zeitmontur hinein.
Vom Korporalstock muss den Herden
Der Marschtakt eingeprügelt werden;
Denn unser Führerideal
Ist heutzutag der Korporal.
Wie dieser rottenweis' die Seinen
Zur Kirche führt, so machen Sie's
Als Hirt, und führen die Gemeinen
Gemeineweis' zum Paradies.
Der Glauben ist's, worauf zu bau'n ist, -
Sie haben doch Autorität,
Die wiederum auf Studium steht,
Weshalb ihr blindlings zu vertrau'n ist.
Und wie der Glaube darzustellen,
Erhellt doch aus dem Rituellen.
Mein Bruder, - all dies ist so leicht;
Ich seh', noch eh' viel Zeit verstreicht, -
Nur Mut! - Sie alles glatt erledigen. -
Ich will nur in der Kirche drüben
Mich noch im lauten Sprechen üben;
Die Resonanz ist fast genant, -
Sie ist so selten hierzuland'.
Auf Wiedersehn! Ich werde predigen
Vom Zwiespalt in der Menschenbrust
Und von des Gottesbilds Verwischung.
Jetzt spür' ich aber wahrlich Lust
Auf eine kleine Herzerfrischung.
(Ab.)

BRAND *(steht eine Weile wie versteinert in seinen Gedanken.)*
Verschlang dies Werk nicht all mein Los
Wie eine reißende Lawine?
Da gellt Eintagsdrommetenstoß
Und zeigt mir, welchem Gott ich diene
Ha! Noch seid Ihr um mich betrogen!

Die Kirche dort hat Blut gesogen;
Mein Glück, mein Leben ward ihr Kitt;
Doch mich bekommt Ihr selbst nicht mit!

Oh, fürchterlich, zu stehn alleine, -
Wohin ich blicke, winkt mir Tod;
Oh, fürchterlich: Man reicht mir Steine,
Und ich, ich hungere nach Brot.
Wie sprach er grauenvolle Wahrheit, -
Und doch, was ward da aufgedeckt!
Weh, Gottes Taube sitzt versteckt;
Weh, nie noch brachte sie mir Klarheit.
Oh, *ein* Herz nur, im Glauben gleich,
Wie würd' ich ruhig, stark und reich!

Ejnar, *bleich, abgezehrt, schwarz gekleidet, kommt des Wegs vorüber und bleibt bei Brands Anblick stehen.*

BRAND *(schreit auf.)*
Du, Ejnar!

EJNAR. Ja, so ist mein Nam'.

BRAND.
Du weißt nicht, wie ich dürstet' just
Nach einem Menschen in meinem Gram!
Oh, komm, komm, komm an meine Brust!

EJNAR.
Bedarf es nicht; ich bin im Hafen.

BRAND.
Du nährst noch Groll um das Geschehne,
Da wir zuletzt uns trafen -

EJNAR. Nein;
Du hast nicht Schuld. Du griffst allein

Als das vom Herren ausersehne
Werkzeug in meine Weltlust ein.

BRAND *(zurückweichend.)*
Welch eine Sprache?

EJNAR. Die der Ruhe, -
Die einer lernt, wenn er die Schuhe
Der Sünde auszog und bereute.

BRAND.
Verwunderlich! Was mir die Leute
Erzählten, war ganz unverblümt
Das Gegenteil -

EJNAR. Lang' war ich Beute
Von Hochmut, Trotz auf eigne Stärke.
Die Welt und ihre eitlen Werke,
Die Kunst, die man an mir gerühmt,
Mein Singsang waren lauter Schlingen,
In Satans Frondienst mich zu bringen.
Doch Gott behielt mich im Gesicht;
Sein schwaches Schaf verließ er nicht;
Er half mir fort zum rechten Ziel.

BRAND.
Auf welche Weise?

EJNAR. Ich verfiel.

BRAND.
Verfielst? In was?

EJNAR. In Trunk und Spiel.
Er schob mir Wein und Würfel hin.

BRAND.
Das, meinst du, war des *Herren* Sinn?

EJNAR.
Es war der erste Schritt zum Heile.
Dann ward ich leidend nach 'ner Weile;
Verlor zum Zeichnen Lust und Hand; -
Mein Hang zur Munterkeit verschwand; -
Ich wurd' ins Hospital gesandt, -
Lag krank, - die Fiebergrade stiegen, -
Sah mich in allen Stuben liegen,
Sah Tausende von großen Fliegen; -
Kam wieder auf und ward bekannt
Mit Schwestern, drei an Zahl, wie deren
Im Sold des Himmels gehn und lehren:
Welch Kleeblatt und ein Theolog
Mich ganz dem Joch der Welt entzog,
Aus Sünd' und Schuld den Weg mir wies
Und Gottes Kind mich werden hieß.

BRAND.
So also.

EJNAR. Ja. So läuft ein Pfad
Im Tal, ein Pfad auf schmalen Grat.

BRAND.
Und dann?

EJNAR. Dann? Zog ich weit und breit
Und predigte Enthaltsamkeit;
Doch läuft man da zu oft Gefahr,
Versuchungen ins Netz zu gehen;
So ließ ich den Beruf denn stehen
Und reise jetzt als Missionar -

BRAND.
Wohin denn?

EJNAR. Nach den Nil-Quellseen.
Doch lassen wir das Reden sein.
Ich will -

BRAND. Bei unserm Feste fehlen?
Wir feiern heut -

EJNAR. Nein, danke, nein;
Mein Platz ist bei den schwarzen Seelen.
Leb' wohl!
(Wendet sich zum Gehen.)

BRAND. Und kein Erinnrungsschimmer
Durchzuckt dich hier und lässt dich fragen - ?

EJNAR.
Wonach?

BRAND. Nach ihr, der dieser Riss,
Der Einst und Heute scheidet, Klagen
Entlocken würd' -

EJNAR. Du denkst gewiss
An jenes junge Frauenzimmer,
In dessen Sündennetz ich hing,
Eh' ich des Glaubens Bad empfing.
Nun, fand sie noch den Weg zum Lichte?

BRAND.
Sie war mein Weib in all den Jahren.

EJNAR.
Das ist unwesentlich; ich richte

Mein Augenmerk nicht auf derlei,
Will nur das *Wichtige* erfahren.

BRAND.
Freud' kam und Leid; wir wurden drei -
Und sahn das Dritte wieder gehen -

EJNAR.
Das ist unwesentlich.

BRAND. Ach ja;
Es war ja Lehen mehr als Gabe, -
Und tagt doch einst ein Wiedersehen.
Doch ihr ging der Verlust zu nah, -
Da drüben grünt nun Grab an Grabe.

EJNAR.
Das ist nicht wesentlich.

BRAND. Auch nicht?

EJNAR.
Von all dem heisch' ich nicht Bericht.
Sag' mir, *wie* ging sie in den Tod.

BRAND.
Mit Hoffnung auf ein Morgenrot,
Mit all des Herzens reichem Glanz,
Mit Willen, bis zum Letzten ganz,
Mit Dank für, was das Leben gab
Und nahm, - so ging sie in ihr Grab.

EJNAR.
Wortflitterkram, das insgesamt.
Wie war ihr Glaub' in seinem Kern?

BRAND.
Wie Gold.

EJNAR. An wen?

BRAND. An Gott, den Herrn.

EJNAR.
Nur den; ja, dann ist sie verdammt.

BRAND.
Verdammt -?

EJNAR. Verdammt, ja, tut mir leid.

BRAND *(ruhig.)*
Geh, Wicht!

EJNAR. Und dich wird, seiner Zeit,
Der Höllenfürst wie sie verderben;
Du wirst wie sie auf ewig sterben.

BRAND.
Du Elender verdammst zum Tod!
Und lagst jüngst selber noch im Kot.

EJNAR.
Es klebt kein Fleck auf meinem Kleid;
Im Glaubenswaschtrog ward ich blank;
Ab rieb sich jeder Kotgestank
Am Waschbrett echter Heiligkeit;
Das Klopfholz der Erwecktheit schlug
Mein Adamslinnen rein genug;
Weiß wie ein Chorhemd hält mich stets
Die Seifenlauge des Gebets.

BRAND.
Pfui!

EJNAR. Gleichfalls. Schweflig riecht die Welt
Hier schon; auftaucht schon Urians Horn.
Ich bin ein himmlisch Weizenkorn,
Du bist im Sieb des Richters - Spelt.
(Ab.)

BRAND *(blickt ihm eine Weile nach, mit einem Male leuchten seine Augen auf, und er bricht in die Worte aus:)*
Der musst' kommen, mich zu retten!
Jetzt fiel'n ab die letzten Ketten;
Eigne Farben will ich führen,
Und ob *alle* Tod mir schwüren.

DER VOGT *(tritt eilig auf.)*
Teurer Pfarrer, sputen, sputen!
Mehr Geduld noch ist dem guten
Volk unmöglich zuzumuten -

BRAND.
Mag es kommen.

DER VOGT. Ohne Sie!
Sputen Sie sich heimwärts. Die
Prozession drängt anzufangen;
All die guten Leute wollen
Wie ein Bach, vom Schnee geschwollen,
Nach dem Pfarrhof, flehn, verlangen,
Schrein: Wir woll'n den Pfarrer sehn!
Hör'n Sie nur, da ruft man Ihnen!
Schnell! Sonst macht das Volk noch Mienen,
Inhuman zu Werk zu gehn!

BRAND.
Meine freie Stirne soll

Nimmer unter diese Menge;
Hier verbleib ich.

DER VOGT. Sind Sie toll?

BRAND.
Euer Weg ist mir zu enge.

DER VOGT.
Aber wird er denn, je weiter
Die Gemeinde vordringt, breiter?
Potz! Da stürmen sie! Da haben
Wir's! Der Propst, der Amtsmann steht
Halben Leibs im Straßengraben.
Los, drauf los! Autorität!
Mit der Peitsche, wenn's vonnöten!
Ha, zu spät! Die Schranken weichen, -
Und die Prozession geht flöten.

Die Menge *strömt herein und bricht sich in wilder Unordnung durch den Festzug hindurch nach der Kirche hinauf Bahn.*

EINZELNE STIMMEN.
Brand!

ANDERE *(zeigen empor nach der Kirchentreppe, wo Brand steht, und rufen:)*
Seht, dort!

WIEDER ANDERE. Gib's Anfangszeichen!

DER PROPST *(eingeklemmt im Gedränge.)*
Vogt, so stau'n Sie doch die Leute!

DER VOGT.
Wie denn! Ich bin machtlos heute.

DER SCHULMEISTER *(zu Brand)*
Ein erlösend Wort nur, Brand!
Sieh, der Sturm nimmt überhand.
Sag' uns, was bereitet sich:
Gutes oder Schlimmes, - sprich!

BRAND.
Oh, so geht denn durch die trägen
Wolken doch ein dumpfes Rollen!
Hört's! Ihr steht an Scheidewegen!
Ganz müsst ihr das Neue wollen, -
Allen Schutt erst aus euch fegen, -
Eh' ihr bau'n dürft, Zoll um Zoll,
Was euch neu umwölben soll!

STIMMEN VON BEAMTEN.
Rast der Pfarrer?

STIMMEN VON GEISTLICHEN.
Ist er toll?

BRAND.
Ja, ich war's, im Wahn, dass meist und
Gernst hier jeder doch im Geist und
In der Wahrheit wandelte!
Und ich war's, indem ich dachte,
Dass ich Gott euch gnädig machte,
Wenn ich mit ihm handelte!
Seht, so wollt' ich ihn betrügen:
Unsre Kirche ist zu klein; -
Doppelt denn! Das schlägt wohl ein!
Fünffach denn! Das muss genügen!
So wich ich vom Weg des Lichts,
Floh sein "Alles oder nichts!"
Auf dem Weg der Kompromisse.
Doch er hat mich wachgerüttelt,
Die Posaune des Gerichts

Scholl in meine Finsternisse,
Dass ich lauschte, angstgeschüttelt,
Klein, wie David stand vor Nathan,
Zitternd, auf sein Donnerwort; -
Jetzt sind alle Zweifel fort.
Kompromiss heißt unser Satan!

DIE MENGE *(in wachsender Gärung.)*
Jagt sie fort, die uns geblendet,
Steinigt sie, die uns entnervt!

BRAND.
Für euch selbst den Blick geschärft!
Auf euch selbst den Zorn gewendet!
Eure Kraft habt ihr vermarktet,
Euer Selbst habt ihr zerklaubt,
Und anstatt dass ihr erstarktet,
Füllt nun Flachheit Euer Haupt.
Kommt ihr etwa, weil ihr glaubt?
Nein, euch lockt nur all der Klingklang,
Orgellärm und Küstersingsang
Und der Kitzel einer Predigt,
Die da recht nach aller Kunst
Lispelt, säuselt, Wolken schürzet,
Blitzt, kracht, Schlossenschauer stürzet
Und zuletzt verweht in Dunst!

DER PROPST *(für sich.)*
Damit ward der Vogt erledigt.

DER VOGT *(ebenso.)*
Den Hieb muss der Propst verschmerzen.

BRAND.
Nur den Schein der neuen Kerzen
Wollt ihr, keine tiefre Brunst.
Und dann wieder heim in Dumpfheit,

Heim zu Sorg' und Plag' in Stumpfheit,
Leib' und Seel' in Werktagsschuhen,
Und im tiefsten Grund der Truhen
Wohlversargt das Buch des Lebens
Bis zum nächsten Fest! Vergebens
All die Träume, die ich nährte,
Als den Opferkelch ich leerte!
Groß die Kirch' ich türmen wollte,
Ihre Wölbung schirmen sollte,
Nicht bloß Glauben, nicht bloß Lehre, -
Schirmen *alles*, dem im Leben
Gott Gedeihensrecht gegeben, -:
Arbeitstages Eintagsdust,
Abendmuße, nachtbang Träumen,
Jugendblutes frische Lust,
Alles, was nur Menschenbrust
Mocht' an Freud' und Leid umsäumen. -
Baches niedersiedend Schäumen,
Wasserfalles Schluchtdurchbäumen,
Stimmgewirr aus Sturmeslungen,
Meeresbrandens Donnerungen
Sollten, geistgebannt, verschmelzen
Mit der Orgelwogen Wälzen
Und dem Lied der Menschenzungen.
Des Werks hier sag' ich mich los!
Nur in Lüge ist es groß;
Schon im Geist reif zu fallen,
Würdig eurer Willenskleine.
Das ist jedes Wachstums End',
Dass ihr Gott und Erde trennt;
Sechs der Tage holt ihr sein
Himmelsbanner ängstlich ein,
Und am siebenten alleine
Sieht man es gen Himmel wallen.

STIMMEN AUS DER MENGE.
Führ' uns! Lass das Banner fliegen!
Führ' uns, und wir werden siegen!

DER PROPST.
Hört ihn nicht, er ist kein Christ,
Lebt nicht in dem rechten Glauben!

BRAND.
Brav! Da lehrst du selbst den Tauben
Unsern unheilbaren Zwist,
Und woran's am meisten fehle.
Denn kein Glauben ohne *Seele*.
Und nun sag', *wer* eine ist,
Wer die Blume, die ihn würzte,
Nicht seit jenem Tag vermisst,
Da er taumelnd vorwärts stürzte.
Lustbetört, auf wüstem Pfade,
Jedes Rattenfängers Raub,
Macht ihr euch dem *Leben* taub;
Ausgebrannt erst, dürres Laub,
Tanzt ihr vor die Bundeslade.
Haben Krüppel dann und Tröpfe
Ausgeschmeckt die letzten Töpfe, -
Hei, dann ist es Zeit, zu beten,
Zeit, den Heilsweg anzutreten.
In nichts mehr vom Tier verschieden,
Da sich jed Gepräg' verlor,
Pocht ihr an der Gnade Tor,
Sucht Ihr Gott, - als Invaliden!
Darum muss sein Reich vereisen.
Kann er wohl mit Seelengreisen
Seines Zepters Macht erweisen?
Heißt es nicht: Als Kind allein,
Wenn des Blutes Wellen rein
Noch und kräftig in dir kreisen,
Taugst du ihm zum Himmelserben,

Wirst du einst das Reich erwerben?
Alles Markten ist vergebens.
Kommt mit frischen Kinderwangen,
Männer, Weiber, denn gegangen
In den großen Dom des Lebens!

DER VOGT.
Aufgeschlossen denn!

DIE MENGE *(schreit wie in Angst auf.)*
Nicht diese!

BRAND.
Unsre Kirche hat kein Ende.
Estrich ist die grüne Wiese.
Matte, Aue, Meer und Fjord,
Und allein des Himmels Wände
Wölben sich darüber fort.
Dort soll all dein Werk geschehen,
Allgehört und allgesehen;
Sorg' nicht, was du auch bereitest,
Dass du sie damit entweihtest.
Sie soll alles decken, grade
Wie den ganzen Stamm die Rinde;
Glaub- und Lebenszwist verschwinde.
Sie soll mit des Tags Befleißen
Lehre und Gesetz verschweißen.
Da soll Tagwerk eins dir heißen
Mit des Herzens Sternpfadtraume,
Kindes Spiel am Weihnachtsbaume,
Festtanz vor der Bundeslade!

Es geht wie ein Sturm durch die Menge, *einige weichen zurück; die meisten scharen sich dicht um* Brand.

TAUSEND STIMMEN.
Wie ein Stern ist uns erschienen:
Eins ist: Leben - und Gott dienen!

DER PROPST.
Alles folgt ihm! Männer - Weiber - !
Helft, Vogt, Amtmann, Küster, Schreiber!

DER VOGT *(leise.)*
He, bin ich ein Ochsentreiber,
Mich mit ihm herumzustoßen?
Mag er sich nur erst verboßen!

BRAND *(zu der Menge.)*
Ist hier Gott? Kann er hier sein?
Nein! Drum auf nach seinem großen
Reich voll Freiheitssonnenschein!
(Sperrt die Kirchentür zu und nimmt den Ring mit den Schlüsseln in die Hand.)
Hier bin ich nicht Pfarrer mehr,
Widerrufe meine Gabe,
Und aus meinen Händen habe
Niemand diesen Ring als - *der*!
(Wirft ihn in den Bach.)
Lockt's dich, Sklav' des Staubs, nun noch,
Steig hinein durchs Kellerloch,
Krümm' und bück' den mürben Rücken,
Lass im Dunkel deinen siechen
Seufzer längs dem Boden kriechen,
Schlaff wie einen Schwindsuchtshauch!

DER VOGT *(leise, erleichtert.)*
Hui, da ward sein Orden Rauch!

DER PROPST *(ebenso.)*
Und der Bischof läg' in Stücken!

BRAND.
Kommt, ihr Jungen, kommt, ihr Frischen,
Lasst des Lebens Hand den Tal-
Staub Euch von der Stirne wischen!
Gebt die Stunde nicht verloren!
Ihr erwacht ja doch einmal;
Müsst doch einmal, neu geboren,
Mit dem Kompromissgeist brechen.
Auf aus euren niedren Schwächen,
Auf aus all dem halben Streben; -
Jagt den Feind aus Euren Toren,
Dräut ihm Krieg auf Tod und Leben!

DER VOGT.
Ich verles' die Aufruhrsakte!

BRAND.
Lies! Ich brech' mit jedem Pakte.

DIE MENGE.
Weis den Weg! Führ' uns von hinnen!

BRAND.
Übers Meer der Gletscherzinnen!
Wandern woll'n wir durch die Lande,
Lösend alle Seelenbande,
Die das Volk gefesselt halten,
Läutern woll'n wir, neu gestalten,
Von der Trägheit Schlaf befreiend,
Männer seiend, Priester seiend,
Prägend neu den matten Stempel,
Wölbend unser Reich zum Tempel!

Die Menge, *worunter der* Küster *und der* Schulmeister, *schart sich um ihn zusammen.* Brand *wird auf die Schultern der Männer emporgehoben.*

VIELE STIMMEN.
Groß sind diese Zeiten! Große
Dinge ruhn in ihrem Schoße!

Die Menschenmasse strömt durch das Tal empor; wenige bleiben zurück.

DER PROPST *(zu den Fortziehenden.)*
Weh, Verblendete, was wollt ihr?
In des Satans Fangnetz rollt ihr,
Wenn ihr seinen Reden traut!

DER VOGT.
He! Kehrt um! Umkehren sollt ihr!
Juckt euch gar so sehr die Haut?
Leutchen, bleibt, - ihr geht zugrunde!
Hm, sie hören nicht, die Hunde!

DER PROPST.
Wollt von Haus und Hof ihr gehn?

STIMMEN AUS DER MENGE.
Größer wird all das erstehn!

DER VOGT.
Aber wie der Not begegnen -
Ohne Felder, ohne Vieh?

STIMMEN.
Gott der Herr ließ Manna regnen,
Da sein Volk um Hilfe schrie!

DER PROPST.
Hört, wie eure Weiber klagen!

DIE STIMMEN *(von fern.)*
Wir verleugnen, die versagen.

DER PROPST.
Eure Kinder schrei'n: Bleibt wegen *uns*!

DIE GANZE SCHAR.
Wer nicht mit uns ist, ist gegen uns!

DER PROPST *(sieht ihnen eine Weile mit gefalteten Händen nach und sagt dann verzagt:)*
Ohne Herd', voll Angst: Was wird nun?
Steht der alte Seelenhirt nun,
Bis aufs Hemde ausgezogen!

DER VOGT *(droht Brand nach.)*
Schütz, pass auf, jetzt bricht dein Bogen!
Geh, und mach' dein Testament!

DER PROPST *(dem Weinen nahe.)*
Testament? - Die sind verloren - !

DER VOGT.
Mut, Herr Propst, nur nichts verschworen,
Wenn man seine Schafe kennt!
(Folgt den Leuten.)

DER PROPST.
Sollt' er wirklich? Traun! Er rennt
Hinterher, der Wackre, Gute!
Ha, mir wird ganz neu zu Mute.
Ich will auch hinauf. Am End'
Halten wir ihn noch, den Tross.
Legt den Sattel auf mein Ross; -
Schafft' ne berggewohnte Stute!
(Alle ab.)

Bei der obersten zum Dorf gehörigen Saeterhütte (Sennhütte).

Die Landschaft steigt im Hintergrund an und geht in große und öde Gebirgsplateaus über. Es ist Regenwetter. Brand, *von der Menge -* Männern, Weibern *und* Kindern - *begleitet, kommt den Berg herauf.*

BRAND
Blickt vorwärts; vor uns liegt der Sieg!
Das Dorf schwand unserm Höherstieg,
Und drüber hin, von Wand zu Wand,
Hat Nebeldunst sein Dach gespannt.
Nun, allem Dust und Düster fern,
Flieg frei, flieg hoch, Du Volk des Herrn!

EIN MANN.
Mein alter Vater kann nicht mehr.

EIN ANDERER.
Seit gestern ist mein Magen leer -

MEHRERE.
Ja, stärk' uns erst zu unserm Werk!

BRAND.
Erst vorwärts, vorwärts übern Berg!

DER SCHULMEISTER.
Auf welchem Weg?

BRAND. Das gilt gleichviel,
Führt er nur grad' und rasch zum Ziel.
Hier, kommt!

EIN MANN. Hier geht's zu steil hinauf;
Wir machen's nicht vor Nacht, passt auf!

DER KÜSTER.
Wenn einer in die Eiskirch' stürzte -!

BRAND.
Der steilste Weg ist auch der kürzste.

EIN WEIB.
Mein Kind ist krank!

EIN ANDERES. Mein Fuß ist wund.

EIN DRITTES.
Herr, meine Zung' ist dürr wie Zunder!

DER SCHULMEISTER *(zu Brand.)*
Gib ihrem Glauben neuen Grund!

VIELE STIMMEN.
Brand, tu ein Wunder! Tu ein Wunder!

BRAND.
So stahl euch Knechtschaft alle Stärke;
Ihr wollt den Lohn schon *vor* dem Werke.
Auf, werft die Todesschwachheit ab, -
Wo nicht, kehrt um in euer Grab!

DER SCHULMEISTER.
Traun, er hat recht; erst die Beschwerden;
Und unser Lohn wird uns ja werden!

BRAND.
Er wird's, so wahr ein Gott die Hand
Gerecht hält über Meer und Land!

VIELE STIMMEN.
Er prophezeit! Er prophezeit!

MEHRERE IM HAUFEN.
Hör', Pfarrer, - wird's ein heißer Streit?

ANDERE.
Und wird er lang? Und wird er blutig?

EIN MANN.
Sind unsre Feinde stark und mutig?

DER SCHULMEISTER *(leise.)*
Ich wag' dabei doch nicht mein Leben?

EIN ANDERER MANN.
Was wird mein Teil am Siegeslohn?

EIN WEIB.
Mir stirbt doch etwa nicht mein Sohn?

DER KÜSTER.
Ist uns vor Dienstag Sieg gegeben?

BRAND *(blickt sich verzweifelt um im Haufen.)*
Was fragt ihr da? Was wollt ihr wissen?

DER KÜSTER.
Zunächst: Wie lange währt der Streit?
Dann: Was wird uns durch ihn entrissen?
Und endlich: unsres Siegs Gewinn!

BRAND.
Das fragt ihr mich?

DER SCHULMEISTER. Jawohl; vorhin
Bekamen wir nicht recht Bescheid.

BRAND *(empört.)*
Ihr sollt ihn haben!

DIE MENGE *(rottet sich dichter zusammen.)*
Rede! Sprich!

BRAND.
Wie lang der Streit währt, fragt ihr mich?
Nun, bis an eures Lebens Ende,
Bis jedes Opfer ihr gebracht,
Von jedem Pakt euch freigemacht,
Bis euer Willen euch die Wende
Jedweder Flucht ward angesichts
Der Fordrung: Alles oder nichts!
Was euch entrissen wird? Nun wohl!
Jedwedes üppige Faulheitsbette,
Jedwede goldne Sklavenkette,
Jedweder Halbheit hohl Idol!
Und der Gewinn? Des Willens Reinheit,
Des Glaubens Kraft, des Geistes Einheit, -
Ein Opfermut, der, furchtgestählt,
Mit Jubel selbst das Schwerste wählt, -
Um jede Stirn die Dornenkrone, -
Seht, das wird euch zuletzt zum Lohne!

DIE MENGE *(unter rasendem Schreien.)*
Verrat! Er hat sein Wort gebrochen!

BRAND.
Nie hab' ich anderes versprochen.

EINIGE.
Du hast uns Sieg gelobt und Ehren; -
Jetzt willst in Opfer du's verkehren!

BRAND.
Ja, Sieg gelobt' ich, - und ihr sollt

Auch Sieger sein, wenn ihr nur wollt.
Doch wer im ersten Gliede schreitet,
Muss fallen können, wenn es gilt;
Wofern solch Kampf ihm widerstreitet,
So mag er abtun Schwert und Schild.
In Feindeshand die Fahne fällt,
Die zagen Mannes Wille hält;
Wen Furcht anfrisst, das bleiche Gift,
Der ist gezeichnet, eh's ihn trifft!

DIE MENGE.
Er kürzt uns unser Lebensrecht
Für ein noch ungezeugt Geschlecht!

BRAND.
Nur als ein Heer zum Tod Bereiter
Erreicht ein Volk sein Kanaan.
Durch Fall zu Sieg! So, Mann für Mann,
Aufbiet' ich uch als Gottes Streiter!

DER KÜSTER.
Wenn man's bedenkt, die Lag' ist heiter!
Im Dorf sind wir in Acht und Bann -

DER SCHULMEISTER.
Ins Dorf zurück -, das geht nicht an.

DER KÜSTER.
Und wer will weiter? Wer will weiter?

EINIGE.
He, schlagt ihn tot!

DER SCHULMEISTER.
Wer blieb' uns dann
Als Oberhaupt in all den Wirren?

WEIBER *(weisen erschrocken den Weg hinunter.)*
Der Propst! Hu!

DER SCHULMEISTER.
Lasst euch bloß nicht kirren!

DER PROPST, *(von einigen der Zurückgebliebenen begleitet, tritt auf.)*
Oh, meine Kinder, meine Lämmer!
Hört euren alten Hirten doch!

DER SCHULMEISTER *(zur Menge.)*
Wir hausen nicht mehr dort im Dämmer;
Am besten gehn wir übers Joch!

DER PROPST.
Oh, konnt' ich so in euch mich irren!
Könnt ihr mich so verwunden!

BRAND. Schlug
Er euch nicht Wunden Jahr um Jahr?

DER PROPST.
Hört nicht auf ihn! Mit Lug und Trug
Verlockt er euch.

MEHRERE. Und das ist wahr!

DER PROPST.
Doch wir sind milde, wir vergeben,
Wo wir aufricht'ge Reu' erleben.
Oh, blick' doch in dich, lieber Christ,
Und sieh, mit welcher schwarzen List
Er Herz und Geist dir aufgewiegelt!

VIELE.
Was hat er uns nicht vorgespiegelt!

DER PROPST.
Und dann, - wen hofft ihr aufzuklären,
Ihr, Volk, im Winkel hier geboren?
Seid *ihr* zu Großem auserkoren?
Wird *ein* Gebundner durch euch frei?
Ihr habt eu'r Werktagskleinerlei;
Was drüber ist, das kann nicht währen.
Was könnt ihr auf der Walstatt nützen?
Ihr mögt eu'r niedrig Hüttlein schützen.
Fühlt ihr euch Weltenüberwinder?
Was wollt ihr zwischen Falk und Weih?
Was wollt ihr zwischen Wolf und Bären?
Oh, meine Lämmer, - meine Kinder!

DIE MENGE.
Ja, weh uns, - wahr ist, was er sagt!

DER KÜSTER.
Und doch, da wir den Schritt gewagt,
Verschlossen wir der Hütten Tür; -
Nein, dort ist keine Heimstatt für.

DER SCHULMEISTER.
Nein, nein, er hat das Volk bemündigt,
Hat ihm gezeigt, wo es gesündigt;
Nun ist's des Schlafens endlich über;
Und was da drunten Leben heißt,
Unleben heißt's erwachtem Geist -

DER PROPST.
Ach, glaubt mir, das geht bald vorüber
Und legt sich in die alten Falten, -
Nur ein klein wenig stillgehalten!
Der Ort - mein Wort will ich euch geben -
Wird bald wie vordem friedlich leben.

BRAND.
Wählt, Mann und Weib!

EINIGE. Wir geben's auf!

ANDERE.
Zu spät; zu spät! Den Berg hinauf!

DER VOGT *(kommt gelaufen.)*
Ein Glück, ein Glück, dass ich euch finde!

DIE WEIBER.
Ach, Bester, sei nicht aufgebracht -!

DER VOGT.
Ach was! Jetzt kommt nur! Macht nur, macht!
Jetzt hat's ein Ende, das Geschinde; -
Ich sag' nur das: Ihr seid noch heute
Vor Abend alle reiche Leute!

MEHRERE.
Wie das?

DER VOGT. Ein Fischzug füllt den Fjord!
Millionen stehn sie an Millionen!

DIE MENGE.
Was?

DER VOGT.
Jeder Fußtritt kann sich lohnen!
Womöglich treibt ein Sturm sie fort.
Sie zogen vordem nie hierher; -
Jetzt, Freunde, kommt's an unsern Ort,
Jetzt hungern wir so bald nicht mehr!

BRAND.
Wählt zwischen Gott und diesem hier!

DER VOGT.
Folgt eurem einfachen Verstand!

DER PROPST.
Oh, ist dies nicht ein Wunder schier,
Ein Fingerzeig von Gottes Hand?
Ich schaut's im Traum schon klipp und klar,
Doch glaubt' ich stets, mich äfft' ein Mahr; -
Nun sehn wir hell, worauf's gezielt -

BRAND.
Ihr würft euch selbst weg, wenn ihr fielt!

VIELE.
Ein Fischzug!

DER VOGT. Millionen Fische!

DER PROPST.
Für Weib und Kind gedeckte Tische!

DER VOGT.
Ihr seht, die Zeit ist schlecht gewählt,
Dass ihr in leerem Streit euch quält,
Zumal mit einer Übermacht,
Die selbst Herrn Propst zu ungeschlacht.
Jetzt überlasst es ruhig Dümmern,
Um fremde Händel sich zu kümmern;
Der Herrgott hilft sich schon allein;
Die Feste fällt so bald nicht ein;
Nur jetzt geschwärmt nicht und gehimmelt,
Wo drunt' im Fjord der Hering wimmelt!
Werft euer Netz nur unbeirrt;
Da braucht's nicht Mut und Blut; das wird

Ein Sieg, der keinen fortbeordert,
Noch, dass er selbst sich opfre, fordert.

BRAND.
Just dieses Opfers Fordrung brennt
Mit Flammenschrift am Firmament.

DER PROPST.
Ach, wer da opfern will, den trennt
Von mir nur eine kleine Reise.
Kommt nächsten Sonntag beispielsweise!
Ich werd', Weißgott -

DER VOGT *(ihm das Wort abschneidend.)*
Ja, ja; ja, ja!

DER KÜSTER *(leise zum Propst.)*
Behalt' ich meinen Küsterposten?

DER SCHULMEISTER *(ebenso.)*
Bleib' ich, nach dem, was heut geschah?

DER PROPST *(mit gedämpfter Stimme.)*
Lasst ihr's euch hier ein Wörtlein kosten,
So trifft euch wohl kein streng Gericht -

DER VOGT.
Kommt, kommt; verliert die Zeit doch nicht!

DER KÜSTER.
Dies Zögern wird euch nur zum Fluch!

EINIGE.
Und unser Pfarrer -?

DER KÜSTER. Lasst ihn laufen!

DER SCHULMEISTER.
Spricht nicht in diesem Heringshaufen
Der Herrgott wie ein offen Buch?

DER VOGT.
Dem Mann wird nur, was ihm gebührt;
Er hat euch lang' g'nug nasgeführt -

MEHRERE.
Er log uns vor!

DER PROPST. Er ist kein Christ;
Er hat nicht 'mal cum laude, wisst!

EINIGE.
Was hat er?

DER VOGT. Niedrigen Charakter!

DER KÜSTER.
Das sehn wir klar, dass dem so ist!

DER PROPST.
Die eigne alte Mutter plackt' er
In ihres letzten Stündleins Pein!

DER VOGT.
Sein Kind hat er schier umgebracht.

DER KÜSTER.
Sein Weib auch!

WEIBER. Pfui, so ein Vertrackter!

DER PROPST.
Ein schlechter Vater, Mann und Sohn!
Spricht das nicht aller Lehre Hohn?

VIELE STIMMEN.
Er riss uns unsre Kirche ein!

ANDERE.
Er sperrt die neue, als zu klein.

WIEDER ANDERE.
Er warf uns auf 'ne Plank im Sturm!

DER VOGT.
Er stahl mir meinen Narrenturm.

BRAND.
Ich seh' das Mal auf eurer Stirn,
Ihr folgt mir über keinen Firn.

DER GANZE HAUFEN *(brüllend.)*
Mag er allein von dannen ziehn!
Auf, auf, und steinigt, steinigt ihn!

Brand *wird mit Steinwürfen die Felseneinöde hinaufgetrieben. Nach und nach kehren die Verfolger zurück.*

DER PROPST.
Oh, meine Kinder, meine Lämmer!
So kehrt ihr einig denn zurück
In eurer Hütten traulich Dämmer;
Oh, glaubt, es dient zu eurem Glück.
Der liebe Gott ist ja so gut,
Er fordert kein unschuldig Blut;
Und die Regierung ist desgleichen
So mild, wie kaum in andern Reichen;
Und eure Obrigkeit - vor allen

Der Vogt - wird euch nicht lästig fallen;
Und *ich* such' in nichts anderm Ruhm
Als in humanem Christentum; -
Wir Obern haben nur ein Streben:
In Fried' und Freud' mit euch zu leben.

DER VOGT.
Doch find't sich wo ein fauler Fleck,
Das ist gewiss, so muss er weg.
Sind wir erst über diesen Tag,
So wähl'n wir eine Kommission,
Die, inwieweit die Religion
Schadhaft geworden, prüfen mag.
Sie mag aus Geistlichen bestehn,
Die Propst und ich dazu ersehn, -
Sowie, beruhigt das die Geister,
Aus Küster und aus Dorfschulmeister,
Samt wem ihr sonst Vertrauen gönnt,
Sodass ihr ohne Sorg' sein könnt

DER PROPST.
Dank euch, im Herrn geliebte Brüder,
Dass eurem alten Seelenhüter
Doch noch ein Ton entgegenklang.
Das stähl' euch auf dem neuen Pfad,
Dass Gott ein Wunder für euch tat!
Lebt wohl! Viel Glück zu eurem Fang!

DER KÜSTER.
Ja, *das* sind wahre Christenseelen!

DER SCHULMEISTER.
Die können mehr als bloß krakeelen.

WEIBER.
Die sind so freundlich und so fein!

ANDERE.
So richtig mit dem Volk gemein!

DER KÜSTER.
Die können uns nicht bloß zertreten.

DER SCHULMEISTER.
Und mehr, als Vaterunser beten.

Die Schar zieht den Berg hinab.

DER PROPST *(zum Vogt.)*
Passt auf, wie dies uns Frucht und Lohn trägt!
Jetzt steigt im Hui das Wetterglas;
Denn, Gott sei Dank, es gibt etwas,
Das die Bezeichnung "Reaktion" trägt.

DER VOGT.
Das war *mein* Werk, dass der Spektakel
Sich, kaum erregt, auch schon zerschlug.

DER PROPST.
Das meiste tat wohl das Mirakel -

DER VOGT.
Mirakel?

DER PROPST.
Nun, der Heringszug.

DER VOGT *(pustet.)*
Das war natürlich Lüge!

DER PROPST. So?

DER VOGT.
Was wollt' ich machen; ich war froh,
Dass mir just dies vom Munde fuhr; -
Man könnt's wohl tadeln, hätte nicht
Die Lage -

DER PROPST. Da ist nichts zu rechten;
Im Notfall lässt sich's *wohl* verfechten.

DER VOGT.
Und streckt dann, eh' ein Tag verstreicht,
Sich alles wieder nach der Decke, -
Was tut's da, ob wir unsre Zwecke
Durch Wahrheit oder Trug erreicht?

DER PROPST.
Mein Freund, ich bin kein Rigorist.
(Blickt in die Felseinöde hinauf.)
Ist das nicht Brand, der dort so trist
Sich hinschleppt?

DER VOGT. Freilich! Ob er's ist!
Ein einsamer Ritter auf seiner Fahrt!

DER PROPST.
Nicht ganz; *ein* Knappe, scheint's, bewahrt
Ihm Treue noch -

DER VOGT. Herrje, die Gerd!
Die beiden sind einander wert.

DER PROPST *(munter.)*
Wenn einst sein Opferdurst geletzt,
Sei dies als Grabschrift ihm gesetzt:
Hier ruhet Brand, sein Tun ward wirr!
Sein Lohn *ein* Mensch, - und der war irr!

DER VOGT *(den Finger an der Nase.)*
Zwar wenn man's recht bedenkt, so sehn wir:
Es richtete - im besten Wahn -
Das Volk doch etwas inhuman.

DER PROPST *(zuckt die Achseln.)*
Vox populi vox die. Gehn wir!
(Ab.)

Oben auf den weiten Hochebenen.

Das Unwetter wächst und jagt die Wolken schwer über die Schneefelder; schwarze Zinnen und Gipfel treten hier und dort hervor und werden vom Nebel wieder verschleiert.

Brand *kommt blutig und zerschlagen des Wegs.*

BRAND *(bleibt stehen und blickt zurück.)*
Tausend folgten meinem Rufe;
Keins gewann die höchste Stufe.
Aller Herzen wohl verschönt der
Drang nach einer größern Zeit.
Wohl durch aller Seelen tönt der
Feldruf: Auf zum heiligen Streit!
Doch die Walstatt selbst bleibt stille;
Opfer weigert zager Wille; -
Einer starb für aller Schwächen, -
Feigheit heißt nicht mehr Verbrechen!
(Sinkt nieder auf einen Stein und blickt sich scheu um.)

Oh, wie oft erschrak mein Kinder-
herze, sträubte sich mein Haar,
Stand ich, wann Verstecken war,
Und der Hund just anschlug, in der
Dunklen Stube voll Gespenster.
Aber ward die Angst am größten,
Musste der Gedanke trösten:
Draußen lacht ja Tag und Licht,
Nacht ist ja dies Dunkel nicht, -
Laden sind ja nur vorm Fenster.
Sorg' nicht! Bald wird unbegrenzter
Sonnenschein, als Überwinder
All der Nacht, durch Tür und Fenster
Seinen Einzug halten in der
Dunklen Stube voll Gespenster!

Ach, wo blieb der Sonne Segen! -
Pechschwarz schlug mir Nacht entgegen, -
Und da saß ein stumpf hinbrütend
Volk von greisem Blick und Haar,
Längst gestorb'ne Träume hütend, -:
Dumpf so wider 's Schicksal wütend,
Hielt der König Jahr um Jahr
Wacht an Schneefrieds Totenbahr',
Legt' ihm 's Ohr an magre Rippen,
Hielt ihm Flaum vor blasse Lippen,
Hofft', noch einmal blühten roten
Blutes Rosen aus dem Toten.
Keiner, gleich ihm, wahnbetört,
Gab dem Grab, was ihm gehört.
Keinem will die Wahrheit ein:
Leichen träumt man nicht ins Leben,
Leichen müssen untern Stein;
Neuen Saaten Wuchs zu geben,
Dies ist ihr Beruf allein,
Nacht, nur Nacht - und aber Nacht!
Keiner hat der Wahrheit acht.
Hätt' ich Blitze zu entsenden,
Eures Strohtods Schmach zu enden!
(Springt auf.)
Nachtgesichte seh' ich jagen,
Schwarzem Höllenschoß entgoren!
Eine Zeit im Panzerkleide
Fordert Opfer bis zum Grab,
Heischt geschwungnen Stahl statt Stab,
Reißt die Klingen aus der Scheide; -
Vettern seh' ich Schwerter zücken, -
Brüder scheu sich seitwärts drücken,
Tarnkapp' über Aug und Ohren;
Seh' mein eigen Volk verloren
An ein Übermaß von Schande; -
Mann und Weib, da's gilt, versagen
Sich den Bittenden, wehklagen
Feig, einritzend sich den Namen

Armen Fischervolks vom Strande,
Volks aus Gottes schlechtstem Samen, -
Hoffend, dass sie so, gesenkten
Haupts, ihr Los am besten lenkten.
Fahne! Maitagregenbogen!
Wo, wo blieben deine Farben?
Wo dein Blau-Rot-Gold? Verdarben
Sie, die einst so stolz ausrollten,
Als des Volks Gesang umschwoll den
Königlichen Ideologen,
Bis er Zung' und Schlitz dir schnitt?
Weh, dein Züngeln ward Geprahl,
Weh, kein Drachenzahn wuchs mit,
Als sie dir den Rachen schenkten; -
Dass doch still geblieben wäre
Volk wie königliche Schere!
Die mit den vier Friedensecken
Langt vollauf als Notsignal,
Fängt ein Kutter an zu lecken!

Schlimmre Bilder, schlimmre Lose
Tauchen aus der Zukunft Schoße!
Eine schwarze Wolkenwand,
Naht der Kohlenqualm des Britten;
Was da frisch und grün, befleckend,
Jeden Keim mit Ruß bedeckend,
Kommt er giftschwer angeglitten,
Stiehlt den Tag von allen Wegen,
Rieselt, wie ein Aschenregen
Des Vesuv, auf Stadt und Land.
Hässlich sind die Menschen jetzt; -
Zu der Grubenhämmer Klopfen
Gluckt's wie Sang von Wassertropfen;
Krüpplig Volk die Meißel wetzt,
Erzes Geister zu entbinden, -
Bucklig Leib und Seel' zuletzt,
Gierverzerrt die Zwergenzüge

Nach des Goldes blanker Lüge.
Ohne Lachen, ohne Weinen,
Ohne brüderlich Empfinden,
Ohne Selbst-sich-Überwinden
Hämmert's, münzt es, feilt es; - keinen
Lockt die Sage mehr vom Licht;
Keiner mehr von all den Blinden
Sagt sich, dass die Pflichten nicht
Enden, wo die Kräfte schwinden!

Schlimm're Bilder, schlimm're Lose
Tauchen aus der Zukunft Schoße!
Eitlen Klügelns Wolfesrachen
Will der Lehre Sonne morden;
Helft uns! schreit's empor zum Norden:
Aufgebot von Berg zu Berg! -
Stur und störrisch zischt der Zwerg:
Was soll *ich* bei diesem Werk?
Mögen *starke* Völker wachen,
Andre sich zum Sturmbock machen,
Wir gehören zu den schwachen, -
Wir, das kleine Land, verlieren
Auf solch heiligen Turnieren,
Stell'n für unsern Bruch vom Heil
Nicht des Volks Gemeinwohl feil.
Nicht für *uns* hat er gelitten,
Hat ein Zahn vom Dornenkranze
Seine Schläfen ihm zerschnitten,
Ward gerannt die Römerlanze
Dem Gestorbnen in die Seiten,
Ward gebohrt durch Fuß und Hand ihm
Spitzer Nägel Feuerpfeil.
Wir sind klein, sind kaum bekannt ihm,
Spür'n zu helfen, keinen Trieb.
Nicht für uns ward 's Kreuz getragen.
Ahasveri Knieriemhieb,
Purpernd des dem Tod Geweihten

Schulter, bleibt zu allen Tagen
Am Passionswerk unser Teil.
(Wirft sich in den Schnee nieder und bedeckt sein Antlitz; nach einem Weilchen blickt er auf.)
Hab' geträumt ich? Bin erwacht nun?
Alles grau, verweht in Nacht nun!
War ein Zug Gesichte nur,
Was da jäh vorüberfuhr?
Hat des Menschen Seele dessen,
Der nach sich ihn schuf, vergessen,
Ganz dem Abgrund sich verdungen -?
(Lauschend.)
Horch, der Sturmwind spricht mit Zungen!

CHOR DER UNSICHTBAREN *(im Sturme sausend.)*
Nimmer wirst du, Mensch, ihm gleichen, -
Denn aus Staub bist du gemacht;
Magst ausharren oder weichen,
Immer stürzt dein Pfad in Nacht!

BRAND *(wiederholt die Worte und sagt leise:)*
Weh! Fast will es wahr mir scheinen!
Stieß er nicht vom Kirchenchore
Mich zurück mit meinen Peinen,
Riss mich los von all dem Meinen,
Schloss vor mir des Lichtes Tore,
Hieß mich bis zum Letzten kriegen,
Ließ mich endlich unterliegen!

DER CHOR *(stärker über ihm tönend.)*
Nimmer wirst du, Wurm, ihm gleichen, -
Denn dem Staub bist du entstammt;
Magst nachfolgen oder weichen,
Immer bleibt dein Tun verdammt!

BRAND *(vor sich hin.)*
Weib und Kind und lichte Tage,

Tage voll beglückten Strebens,
Tauscht' ich wider Kampf und Klage,
Riss die Brust mir wund, - vergebens
Warf ich *alles* in die Waage.

DER CHOR *(mild und lockend.)*
Träumer, nie wirst du ihm gleichen,
Was du ihm auch dargebracht;
Wähne nie, je zuzureichen; -
Denn als Mensch bist du gemacht!

BRAND *(bricht in leises Weinen aus.)*
Agnes, Alf, oh, kommt zurücke!
Einsam sitz' ich hier und sehne
Mich auf öder Bergeslehne,
Spukumgraust, nach einst'gem Glücke -!

Er blickt auf; ein dämmerheller Fleck öffnet und erweitert sich im Nebel vor ihm; eine weibliche Gestalt *steht da, in lichtem Gewande, einen Mantel über den Schultern. Es ist* Agnes.

DIE ERSCHEINUNG *(lächelt und breitet die Arme nach ihm aus.)*
Sieh mich dir zurückgegeben!

BRAND *(fährt verwirrt auf.)*
Agnes! Du bist noch am Leben!

DIE ERSCHEINUNG.
Alles war ein Fiebertraum!
Nun soll sich das Übel heben!

BRAND.
Agnes! Du!
(Will ihr entgegeneilen.)

DIE ERSCHEINUNG *(schreit auf.)*
Nicht hier herüber!

Siehst du nicht des Abgrunds Saum?
Nicht des Wasserfalles Schaum?
(Mild.)
Nein, es ist kein Traum, kein trüber,
Kein Gesicht mehr, was dir droht.
Brand, du sahst, in Wahnsinnsnot,
Alles wie mit Nacht verhängt, -
Träumtest, dass wir dich verließen. -

BRAND.
Oh, dass du noch lebst! Gepriesen - !

DIE ERSCHEINUNG *(schnell.)*
Später! Jetzt kein Wort von diesen!
Folg' mir, komm; die Stunde drängt.

BRAND.
Oh, doch Alf?

DIE ERSCHEINUNG.
Ist auch nicht tot.

BRAND.
Lebt!

DIE ERSCHEINUNG.
Ja, lebt, gesund und rot!
All dein Leid war Traum und Trug,
All dein Streit ein leerer Spuk.
Alf sitzt auf Großmutters Schoß;
Sie genas, und er ward groß.
Auch die Kirch' steht noch wie einst;
Bau' sie größer, wenn du meinst; -
Drunten mühn im Dorf die Leute
Still sich hin, wie einst so heute.

BRAND.
Einst - ?

DIE ERSCHEINUNG.
Ja, einst, - da Friede war.

BRAND.
Friede!

DIE ERSCHEINUNG.
Brand, wie lange säumst du!

BRAND.
Ach, ich träume!

DIE ERSCHEINUNG.
Nein, nicht träumst du.
Doch bedarfst du Ruh' und Pflege -

BRAND.
Ich bin stark.

DIE ERSCHEINUNG.
Das hat noch Wege;
Noch zu nah ist die Gefahr.
Wieder wirst du wie ein Schatten
Mir und meinem Kind entjagen,
Wieder wird dein Geist ermatten, -
Willst du die Arznei nicht wagen.

BRAND.
Oh, gib her!

DIE ERSCHEINUNG.
Du hast in deiner
Hand sie, du allein, sonst keiner.

BRAND.
Nenn sie denn!

DIE ERSCHEINUNG.
Der Arzt, der alte,
Den so manches Buch belehrt,
Der so klug, wie selten einer,
Fand *drei* Wörtlein als den Herd
Deiner Krankheit, deren kalte
Schauder dich mit Wahnsinn schlagen.
Denen musst du ganz entsagen,
Die aus dem Gedächtnis bleichen,
Die von jeder Tafel streichen.
Die sind all des Schreckgesichts,
Das dich anfiel, anzuklagen;
Die vergiss, soll deiner reichen
Seele Siechtum endlich weichen!

BRAND.
Sag' sie!

DIE ERSCHEINUNG.
" *Alles oder nichts.*"

BRAND *(zurückweichend.)*
Ist es das?

DIE ERSCHEINUNG.
So wahr ich lebe,
Und so wahr dir Tod gesetzt!

BRAND.
Oh, so hängt in dräuender Schwebe
Über uns das Schwert noch jetzt!

DIE ERSCHEINUNG.
Brand, bei mir ist Lieb' und Lust;

Flieh, dein Weib an starker Brust,
Fort zu wärmern Himmelsstrichen -

BRAND.
Meine Krankheit ist gewichen.

DIE ERSCHEINUNG.
Ach, doch kommt sie wieder, Brand.

BRAND *(schüttelt den Kopf.)*
Nein, ich fühl's, das Fieber schwand.
Träume noch, wer träumen mag,
Ruft des Lebens lichter Tag!

DIE ERSCHEINUNG.
- Lebens?

BRAND. Folg' mir!

DIE ERSCHEINUNG. Dein Entschluss
Ist -?

BRAND. Vollbringen, was ich muss:
Leben, was bis jetzt *geträumt,* -
Endlich *tun,* was noch *versäumt.*

DIE ERSCHEINUNG.
Ha, unmöglich! All die Qual
Deiner Kämpfe -!

BRAND. Noch einmal!

DIE ERSCHEINUNG.
All die grausen Traumeswehen
Willst du wach und frei bestehen?

BRAND.
Wach und frei.

DIE ERSCHEINUNG.
Dein Kind verlieren?

BRAND.
Es verlieren.

DIE ERSCHEINUNG.
Brand!

BRAND. Ich muss.

DIE ERSCHEINUNG.
Noch einmal mein Blut gefrieren
Machen, bis des Todes Kuss
Mich von dir erlöst?

BRAND. Ich muss.

DIE ERSCHEINUNG.
Alles Licht mit Nacht zerdrücken,
Nie dein Herz an Tag beglücken,
Nie des Lebens Früchte pflücken,
Nie dein Leid im Lied ertränken?
Ach, ich muss so vieler denken!

BRAND.
Wär' ich *ich*, wenn ich mich schonte?

DIE ERSCHEINUNG.
Du vergisst, wie man dir lohnte!
Äffte doch am Ziel ein Trug dich;
Man verließ dich, Brand, man schlug dich!

BRAND.
Nicht für *mich* hab' ich gelitten,
Nicht für *eignen* Sieg gestritten.

DIE ERSCHEINUNG.
Für ein Volk in Grubengängen!

BRAND.
Einer kann viel Nacht verdrängen.

DIE ERSCHEINUNG.
Für gerichtete Geschlechter?

BRAND.
Viel vermag oft *ein* Gerechter.

DIE ERSCHEINUNG.
Denk der ältesten der Fehden!
Wessen Zorn trieb uns aus Eden?
Nimmermehr geöffnet werden
Pforten, die *der* Arm zutat!

BRAND.
Offen blieb der *Sehnsucht* Pfad!

DIE ERSCHEINUNG *(verschwindet unter donnerähnlichem Getöse; Nebel wälzt sich über die Stelle, wo sie stand, und ein Schrei, grell und schneidend wie der eines Flüchtenden, ertönt.)*
Stirb! Was willst du hier auf Erden;

BRAND *(steht eine Weile wie betäubt.)*
Es ist fort! Den Nebelschlund
Flog's hinein mit schwarzen Schwingen,
Wie ein Habicht. Ha! Der Grund
Jener Fordrung waren Schlingen,
Mich noch jetzt zu Fall zu bringen -!
Kompromiss, da sprach *dein* Mund!

GERD *(kommt mit einem Stutzen.)*
Sahst du dort den Habicht fliehn?

BRAND.
Ja, du; diesmal sah ich ihn.

GERD.
Schnell, beschreib mir, wohin strich er!
Heut will ich's an ihm vollziehn!

BRAND.
Schwerlich; der ist kugelsicher!
Ob er schon an mörderlicher
Ladung oft zu enden schien, -
Schoß, just da den Todesstich er
Haben sollt', flugs hinter mich er -
Und fing an aufs neu' zu fliehn.

GERD.
Hier den Renntierstutzen raubt' ich, -
Lud mit Stahl und Silber; - viel
Minder toll bin, als Ihr glaubt, ich, -
Wartet nur!

BRAND. So triff dein Ziel!
(Wendet sich zum Gehen.)

GERD.
Hinkst ja, Pfarr? Was ist geschehn hier?
Bist gestürzt?

BRAND. Das Volk verwies mich
Meines Amts.

GERD *(näher.)* Blutstropfen stehn dir
Auf der Stirn!

BRAND. Man schlug und stieß mich.

GERD.
Deine Stimm', einst so metallen,
Raunt nur mehr, wie Wind im Laube!

BRAND.
Alle - Alles -

GERD. Nun?

BRAND. Verließ mich.

GERD *(sieht ihn mit großen Augen an.)*
Jetzt erst merk' ich, wer du bist!
Nicht der Pfarr, wie erst mein Glaube; -
Pah, des Pfarrers und des Allen!
Du bist, - der am größten ist.

BRAND.
Dem Wahn fiel ich fast zum Raube.

GERD.
Lass mich deine Hände sehen!

BRAND.
Wozu das?

GERD. Die Nägelmale!
Rote Perlen um die fahle
Stirn, den Blutbiss scharfer, böser
Dornenzähn' ins Fleisch geschlagen!
Dich hat ja das Kreuz getragen!
Vater sagt' einst oft zu mir,
Wie dies wär' vor lang geschehen,
Weit von hier - und nicht von dir; -

Doch ich seh', das waren Sagen, -
Ja; denn du bist der Erlöser!

BRAND.
Weiche!

GERD. Soll ich niederfallen
Und anbeten?

BRAND. Fort von hier!

GERD.
Du vergossest ja das Blut,
Das da helfen sollt' uns allen!

BRAND.
Brauchte selber Hilf' zu gut.
Lass mich still mein Haupt verhüllen!

GERD *(will ihm den Stutzen geben.)*
Töte die verruchte Brut - !

BRAND *(schüttelt den Kopf.)*
Nein, ich muss mein Los erfüllen.

GERD.
Sprich nicht so; du, als Erlöster,
Weisest deine Wunden her; -
Du bist aller Menschen Größter!

BRAND.
Der Geringste ist es mehr.

GERD *(blickt hinauf, wo die Wolken sich lichten.)*
Weißt du, wo du stehst?

BRAND *(starrt vor sich hin.)* Ich steh'
Tief am Fuße steiler Wände,
Leib und Seel' gleich wund und weh.

GERD *(wilder.)*
Weißt du, wo du stehst, sag'!

BRAND. Mir
Ist, als ob der Nebel schwände -

GERD.
Wohl, er tat's: Das schwarze Horn
Dort zerriss ihn wie ein Dorn!

BRAND *(blickt auf.)*
Schwarzes Horn? Eiskirche!

GERD. Ja!
Ist der Kirchgast endlich da!

BRAND.
Tausend Meilen fort von hier! -
Oh, wie ich nach Licht mich härme!
Wie verlangt mein ganzer Wille
Nach des Friedens Kirchenstille,
Nach des Lebens Sommerwärme!
(Bricht in Tränen aus.)
Jesus, dich hab' ich genannt;
Niemals wolltest du mir nahn,
Folgtest dicht mir auf dem Fuße,
Ungegrüßt, doch nah zum Gruße;
Lass mich nun vom Heilsgewand,
Feucht vom Wein der wahren Buße,
Nur noch ein arm Eckchen fahn!

GERD *(bleich.)*
Wie? Du weinst ja! Du, der Seher!

Warm, dass deine Wange glüht, -
Dass des Gletschers Grabtuch leise
Tropfend in den Abgrund sprüht, -
Dass in Tränen mein Gemüt
Auftaut wie aus ewigem Eise, -
Dass der Schneetalar, entbreitet,
Von dem Eisberg-Prediger gleitet -
(Bebend.)
Mann, was weintest du nicht eher!

BRAND *(hellen Auges, strahlend, wie verjüngt.)*
Im Gesetz erfriert die Seele, -
Ohne Licht kein Blühn auf Erden!
Galt's bislang, die Tafel werden
Gottgegebener Befehle, -
Will ich nun, ein Mensch, zu meinen
Brüdern in die Sonne treten.
Sie besiegt mich. Ich kann weinen,
Ich kann knien, - ich kann beten!
(Sinkt in die Knie.)

GERD *(lugt nach oben und sagt leise und scheu:)*
Sieh, da setzt er sich, der Böse!
Siehst du seinen Schatten schwanken!
Sieh, wie er des Gipfels Flanken
Mit den breiten Schwingen schleißt!
Wenn das Silber jetzt nur beißt, -
Dass uns dieser Schuss erlöse!
(Reißt den Stutzen an die Wange und schießt. Hohles Dröhnen, wie von rollendem Donner, antwortet hoch oben von der Bergwand.)

BRAND *(fährt auf.)*
Ha, was tust du!

GERD. Gut getroffen!
Er verliert den Halt, - er fällt;
Horch, da schreit er, dass es gellt!

Sieh nur, sieh, sein halb Gefieder
Flockt wie Schnee die Bergwand nieder; -
Immer mehr wird's - immer mehr - !
Hei, er stürzt am End' hierher!

BRAND *(sinkt zusammen.)*
Mitgeboren, mitverloren!
So nur wird die Schuld beschworen.

GERD.
Steht das weite Himmelszelt,
Seit er fiel, nicht doppelt offen?
Sieh, er rollt, er überschlägt sich, -
Pah, dein toter Zorn erträgt sich;
Bist ja weiß wie eine Taube -!
(Schreit entsetzt:)
Hu, was für ein wild Geschnaube!
(Wirft sich nieder in den Schnee.)

BRAND *(krümmt sich unter der herabstürzenden Lawine und ruft empor:)*
Sag' mir, Gott, im Todesnahn!
Wiegt vor dir auch nicht ein Gran
Eines Willens quantum satis -?
(Die Lawine begräbt ihn und erfüllt das ganze Tal.)

EINE STIMME *(antwortet durch den Donner:)*
Gott ist deus caritatis!

Zeitfracht Medien GmbH
Ferdinand-Jühlke-Straße 7
99095 Erfurt, Deutschland
produktsicherheit@kolibri360.de